なんだ、けっきょく最後は言葉じゃないか。

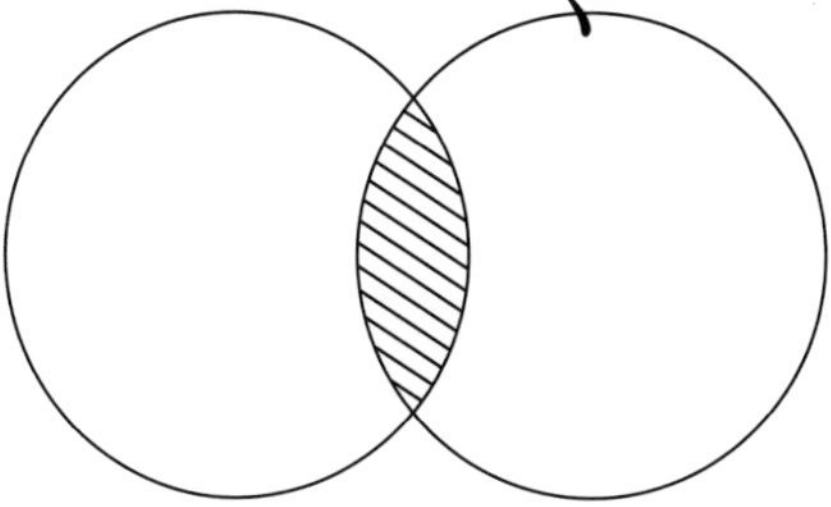

伊藤公一

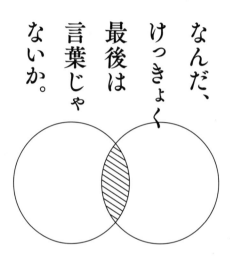

はじめに

言葉の重要性はますます増している。

会社勤めの人ならおわかりだと思うが、職場で、コミュニケーション能力の高い人と低い人では、仕事の質だけではなく、その組織の中での生きやすさにも大きな差が生まれてしまう。もちろんコミュニケーション能力は天性のものであることもある。「あいつは言ってることはめちゃくちゃなのに、不思議と憎めないんだよな」なんて言われる人のことだ。しかしそういう恵まれた人も、よく観察してみると、他人に可愛がられる話し方、正確に言うと、こう思われたいという自分のイメージに相手を誘導していく話し方や言葉使いをしていたりする。

学生の場合、コミュニケーション能力が問われる最大の場は就活です。私も会社員時代、面接官を何度か務めたことがある。今の学生はソツがなく、面接の受け方もよく勉強していて、言葉に詰まったり、しどろもどろになったりするウブな学生さんはむしろ少数派になっている。しかし面接しているこちらはだんだん退屈になってくる。

みんな同じなんです。面接攻略本どおりの返答が続くのですから、こっちは飽きてきます。立て板に水のように自己アピールをすることとコミュニケーション能力の高さは同じではありません。

本当に能力の高い人は自分の言葉で話します。

私が面接官をした時は、自分の言葉で話す学生に、たとえ話し方が拙《つたな》くても高い点をつけていました。

この本では主に書き言葉の話をしていくことになりますが、そのトレーニングは会話にも必ず生きてくると思います。

会社員や学生という枠を取り払って、一個人としての言葉を考えてみても、言葉の力を磨くことは大切だと思います。ここでいう言葉を磨くとは、何も気の利いたうまい言い回しを使おうということではありません。

SNSでの発信、飛び交うメール、顔の見えないコミュニケーションが増えていくなかで言葉を発するということはとても難しい。下手をすると、発した言葉が誤解されて、思わぬトラブルに巻き込まれたりしかねません。

面と向かって話していれば、相手の表情や声色から感情は伝わってくるので、誤解はその場で解決できたりもする。しかし、メールやSNSではそこに書かれた言葉が全てです。きちんと自分の気持ちを伝えるにはいったいどんな言葉を使えばいいのだろう。そんな悩みを持っている人は少なくないと思う。

私は大学を出て広告会社でコピーライターをやってきました。入社の面接ではハッキリと営業職を希望します！ と答えたつもりだったのに、なぜか配属はクリエーティブで、思ってもいなかったコピーライター。ハッキリ言って、やっていける自信なんて皆無でした。その日から、伝わる言葉とはどうやって書くのだろうと、毎日考えてきました。この本には、その中で自分なりに身につけてきた、強く伝わる言葉の書き方をなるべく体系立てて、わかりやすく書きました。元になっているのが広告コピーの書き方なので、業界の若いコピーライターはもちろん、戦略プランナーが読んでも役に立つはずです。そして、それ以外の職種の方や学生さんにもヒントになるはずです。コミュニケーションから無縁でいられる人はいないわけですから。

私は決してコミュニケーション能力に恵まれていたわけではありません、なんせ面接で営業職希望とあんなにハッキリ言ったのにコピーライターにされてしまったわけですから。私の思いは伝わっていなかったのですね。

だから大丈夫、言葉は努力すれば磨けます。

目次

型にとらわれない頭でいよう

2
私の言葉体験、こんなふうに鍛えられてきました

静寂、のち大爆笑 私はポカーン
全て、北海道のおかげかも「あの感じ」に出会えたのだから
ヤバイ、就活しなきゃヤバイ、なんなのこの「優」の数
え？ コピーライター？ 僕が？ なんで？
皆さんも業務日誌、書いたことありますよね
毎日、あいうえお、を原稿用紙に書けと言われたわけです
コピーはとてもか弱い生き物、すぐに死んでしまいます
プロって厳しいですよね、言い訳できませんから
考えてみれば、「イメージ」に教えられたことばかりでした

47

3 言葉を磨くなら、広告のコピーを勉強するといい

イメージの設定とコピーの人格

コピーの人格その1　知的で大人なコピー

コピーの人格その2　胸ぐらをつかむコピー

4 コピーライティングの技術

1

だからあなたの言葉は伝わらない

今、言葉はちょっと元気がない

以前、新聞社をクライアントとして担当したことがありました。新聞とは言うまでもなく、言論によるジャーナリズムの代表格です。

その時、言葉についていろんなことを考えさせられました。

言葉は決して絶対善ではありません。

もちろん、愛を伝えたり、人を励ましたり、いいこともたくさんします。しかしそれと同じくらい、人を傷つけることもできます。嘘をついたり、陰口をたたいたり、誹謗中傷もお手のものです。

やはり言葉は注意深く扱ってやるべき厄介な存在です。でも、そうやって扱えば本当にいい仕事をしてくれます。

そんななか、私たちを取り巻く広告の業界は大きな変化を遂げました。ビジネスモデルとしてもそうですし、「言葉」という側面から見てもそう感じます。

特にデジタル領域の言葉作りを見ていると、以前に比べ大きな変化を感じます。テストを繰り返し最適な言葉を探していく、生まれては消えていく言葉の判断基準は、あくまで即効性、つまり短期的な売り上げです。効率的であるといえば確かにそうですが、言葉選びが即物的になってきている気がするのも事実です。

例えば、仮に釣り好きな人にスポーツドリンクを勧める広告があったとして、デジタル広告では「釣りのお供に」のような直接的な考え方のキャッチが採用され、普通のコピーライターは例えば「防波堤ドリンク」のようなアプローチのある考え方でコピーを書きます。前者は、釣りに行くときにどうぞ、と販売に直結したコピーです。つまり買ってください、と言っています。

後者は釣りという行為からスポーツドリンクを再定義しています。そして、防波堤という太陽の光から逃げることのできない場所を提示することで、スポーツドリンクの必要性を連想させようとします。そういう意味では間接的な推奨なのだと思います。

売れるのはもしかすると前者かもしれませんが、どちらが発展性があるかといえば、やはり後者でしょう。その違いは、私は言葉の「余白」にあると思います。余白を持つということは、読み手に考える余地をあえて残すということです。

書き手がわざと余白を作り、読み手がそれを解き明かす。この応酬が、上質なコミュニケーションのひとつの形なのではないかと思います。

スピードでは劣るかもしれませんが、そのブランドと読み手の関係は深まるように思えます。そう考えると、わかりやすい、ということは必ずしも褒め言葉ではないかもしれませんね。

最近のデジタル広告の隆盛を見ていると、この先、ブランド視点に立った言葉の選び方の精査が必要になるのではないかと思っています。そうならないと、広告の世界から本当の言葉が駆逐されてしまいそうで、ちょっと心配です。

広告の世界から世の中に目を転じても、活字離れが止まる気配もなく、活字メディアである新聞の購読率も下がり続けています。手紙の代わりのメールやSNSでは感情を文章で伝えるのではなく絵文字やスタンプにその役目を負わせています。そして不用意なひとことで世間から袋叩きにされてしまう。そんなリスクを考えると、もう口をつぐむしかないと考える人がたくさんいるのも理解できます。

大袈裟に言うと、機知に富んで、お互いがお互いをインスパイアしあう、楽しくも良質なコミュニケーションを生み出す優れた言葉は、生まれにくい状況のように思えます。

それでも言葉をあきらめるわけにはいかない

少し、根本的な話をします。

そもそも言葉というものは、人間だけの特権なのかということです。

ミツバチの8の字ダンスの話を聞いたことがあるかもしれません。豊かな蜜源、つまり咲き誇る花畑を見つけたミツバチは仲間にそのありかを知らせるために、巣のなかで8の字を描くダンスのような行動を行います。私たち人間にはなんのことかさっぱりわかりませんが、ミツバチたちはそのパターンで、巣箱から花畑までの距離と方向などを理解してそこに向け飛び立っていくそうです。

またアフリカのサバンナに住む、ミドリザルは捕食者であるヒョウやワシなどが近づくとそれぞれ異なった警戒音を発して仲間たちに知らせます。その警戒音によって、空から脅威が迫っているのか地上からなのかを判断してミドリザルたちは危険から身を守る行動を起こすと言われています。

このように人間以外の生物も行動言語であったり、音声によるコミュニケーションを行っています。その中で、人と動物の「言語」のいちばんの違いは、動物の言葉は天敵の接近や食料の在り処などの物理的な対象物を指し示し、人間はそれに加えて恋愛や尊敬、感動などの抽象的、心的、内的な対象を指し示すことができるという点です。つまり動物の言葉は、生存するために存在し、人間の言葉は良く生きるために存在しているということです。

私たちが言葉をあきらめてしまうわけにはいかないひとつめの理由が、抽象的で複雑な感情を表明できる言葉という最高の道具を与えられながら、それを軽視してしまうのは、他の動物に申し訳ないということです。せっかくなら良く生きるためにこの言葉を積極的に使って生きていかないと、もったいないと思うのです。

もちろん、抽象的で心的な対象は音楽でも映像でも表現することはできますが、それらの伝達はあまりに属人的で、意思の共有の手段としては心もとないものです。

そして、言葉を手放すわけにはいかないもうひとつの理由は、私たちは複雑な時代に生きているという事実にあります。ほんの十数年前に比べても世の中の仕組みは複雑になっています。おそらくこの先もそうでしょう。ますます複雑になっていく社会構造の中で、私たちが他者との間に良好な関係を築きながらも自分らしく日々を過ごしていくためには言葉の力を借りるしかないのです。

この本では、人の気持ちを動かす言葉の生み出し方を、人にものを買ってもらおうとする、すなわち気持ちを動かすことが目的の、広告のコピーの書き方をお手本にして書いていきます。

言葉でうまく伝えられないと何が困るの？

もう少し言葉のことを話しましょう。

外出して、タクシーに行き先を告げ、映画館でチケットを買い、コンビニで買い物をして家に帰る。この間に言葉のことで困ることはないでしょう。あえて言えばタクシーのドライバーに行き先をうまく伝えられないということはあるかもしれませんが、カーナビのおかげで今では困ることもありません。

見出しの「うまく伝えられない」というのは、願望だったり、感情だったり、意思だったり、内的な対象についての話です。内的、心的対象についてのコミュニケーションが思うようにならないと、2つのデメリットが生まれます。

誤解ともどかしさです。

「そんなつもりで言ったのではないのに」と発言の真意が伝わらずに、相手を怒らせてしまったり、仲が疎遠になってしまったり、そういったことはおそらく誰でも経験していることではないでしょうか。直接の会話ではなくても、メールの文言やSNSのコメントで発言が誤解されてしまって、ということもよくある話です。面と向かっての会話であればその場ですぐ誤解を解消したりもできるのですが、メール等ではそうもいきません。

しかし考えてみれば、雨降って地固まるという言葉があるように、こういう誤解はリカバリーが可能です。しっかりと言葉を尽くして話せば、それが誤解だったことがいつかは相手に伝わります。むしろ厄介だと思うのは、「もどかしさ」の方です。

自分の気持ちや感情を伝えたはずなのに、しっかりとした返事が返ってこない。イエスもノーもない。なんとなく態度が冷淡に見える。こっちの主張や意思が相手に届いていないのか、反応が鈍いと感じる。

こういうもどかしさは、けっこう辛いものです。

コミュニケーション上の「誤解」から生まれる軋轢《あつれき》は、ホットな出来事です。その分、回復もある意味容易だと思います。しかし、「もどかしさ」の周囲にある空気は冷えています。無表情と言ってもいいかもしれません。感情の波も読み取れない、この無視に近い状態を覆すのは、かなり難しいことです。なぜ、あなたの言葉は誤解されて受け止められてしまったのか。なぜ、あなたの言葉は相手に届かないのか。相手の読解力が足りないのだとか、相手の感受性が低いのだとか、先方の責任にしてはいけません。そうしたところで何も状況は変わりません。あなた自身も何も進歩できないことになってしまいます。

ここはひとつ、あなたの言葉の習熟度が足りなかったと考えて、それを解決していきましょう。

前提として、人はあなたの言葉を聞いていない

私は電通にいたときに、会社の社会貢献活動のひとつである、NPOに対する広報支援「伝えるコツ」というプロジェクトで講師をしていました。全国にある様々なNPOの皆さんに、自分たちの活動を世の中にどう伝え、賛同者を増やしていくかをコミュニケーションの技術面でサポートしていく活動です。

その時に必ず最初に話すのが、コミュニケーションとインフォメーションの違いです。ここをしっかり理解しておかないと、その人の言葉の力はそれ以上伸びることはありません。

いわば基本中の基本です。しかし、案外多くの人がここを理解しないまま、過ごしています。

インフォメーションとは、情報を正確に相手に伝えるためのものです。「いつ、どこ

で、何時に集合してください」、というようなことです。ここに曖昧なニュアンスは必要ありません。例えば、マンションのゴミ出しルールについての貼り紙などがそれです。ここに凝ったレトリックは必要ありません。むしろ混乱を生むばかりです。

一方、コミュニケーションとは情報を伝えることで相手の気持ちを動かすことを目的としています。先ほどのマンションのゴミ出しの例で言えば、ゴミ出しのルールが守られていなくて、ルールを守ってくださいという貼り紙を書くとしたらそれは、コミュニケーションの領域です。

貼り紙に書かれた言葉で、ルールを守っていなかった人の反省を促し、行動を改めさせることが目的になるわけですから。

インフォメーション → 情報を相手に正確に伝えることを目的にしている

コミュニケーション → 伝えたうえで、相手の心を動かすことを目的にしている

この2つの違いをまずは理解してもらえればと思います。

インフォメーションとコミュニケーションの違いを理解していない人のほとんどに共通する誤解があります。

それは、「言いたいことを、正しく言葉にすれば、それは伝わる」という誤解です。インフォメーションであれば、正しく伝わることが使命ですから、それで構わないと思います。

しかし、コミュニケーションだとそうはいきません。もちろん、正しく書かれているのですから意味としては伝わるとは思います。しかし、それで相手の気持ちが動くかと言われれば、それはまた別の問題です。

私たちが広告の仕事をしていて、クライアントと意見が食い違うのもこの部分が多いです。クライアントの伝えたいことと、生活者が聞きたいことは必ずしも合致しません。例えば、その商品のスペックが0 .5%よくなったとクライアントは伝えたくても、生活者はそんな微妙な差など気にしないかもしれません。そんな時、コピーライターは、微細な進化がもたらす価値を新たに見つけ出す必要が出てきます。ミクロン単位の進化がもたらす変化を、考える軸を変え、レイヤーを変え、探し出していきます。

クライアントによっては、その過程が寄り道をしているように見えてしまい、スペックの磨き上げにかかった月日や予算、難しさをなぜもっとストレートに言葉にしてくれないのだろうと、もどかしく感じることも多いようです。しかし、コミュニケーションにおいては、意味が単に伝わるだけでは全く不十分で、相手の気持ちを動かして初めて「伝わった」と言えるのです。

先ほどの伝えるコツの話で言えば、コミュニケーションとインフォメーションの違いを理解しているNPOの方はほとんどいらっしゃいませんでした。おそらく、NPOの活動自体が社会の役に立つ良いことをなさっているので、自分たちの活動内容や信念を言葉にすれば伝わるはずだと思っていらしたのだと思います。しかし実際はそうではありません。「伝えるコツ」のテキストにも書いてありますが、むしろ悪人の方がコミュニケーション力は高いのかもしれません。悪人ほど、どう言葉にすれば信用してもらえるかを必死に考えているからです。

そういう伝えることの難易度が上がってきている状況で、私たちがまず持つべき認識とは、人はあなたの話に興味はないということです。そのうえ、忙しく、イライラしていて、辛辣《しんらつ》で、不寛容であるという前提に立って言葉を生み出すべきだということです。

なんだか身もふたもない言い方になってしまいましたが、それくらい厳しく思っていたほうが、結果としては良いコミュニケーションが成立すると思います。

まずは基本の型を身につけよう

先ほど、自分の伝えたいことで相手の気持ちを動かすにあたり、コミュニケーションを取り巻く環境が厳しいということをお話ししました。

そういった状況をかいくぐりながら、相手の気持ちに届ける言葉を作るには、届ける相手の存在をしっかりと意識する必要があります。私はコミュニケーションの基本図はこういうものだと思っています。

ふたつの円の重なっている補集合の部分がコミュニケーションのありかです。

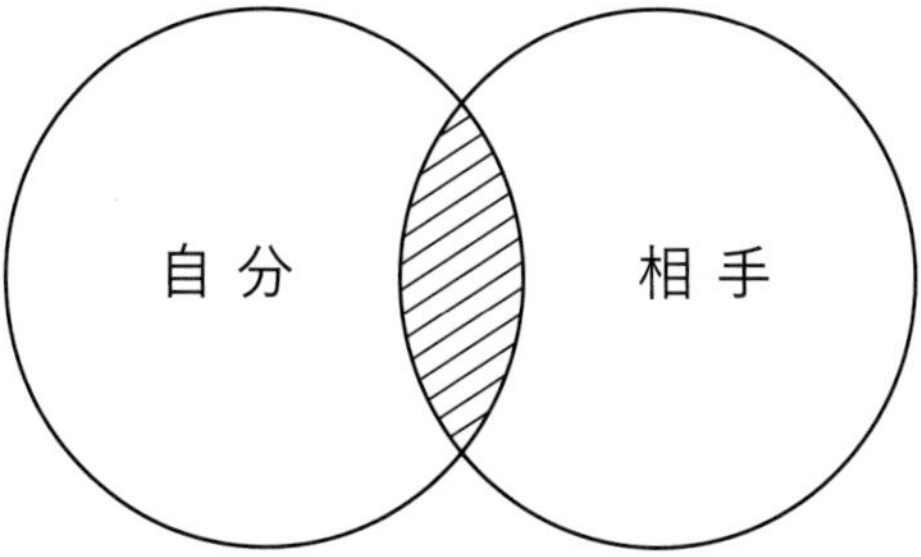

広告の場合だと、この補集合の部分にコピーがあるということです。

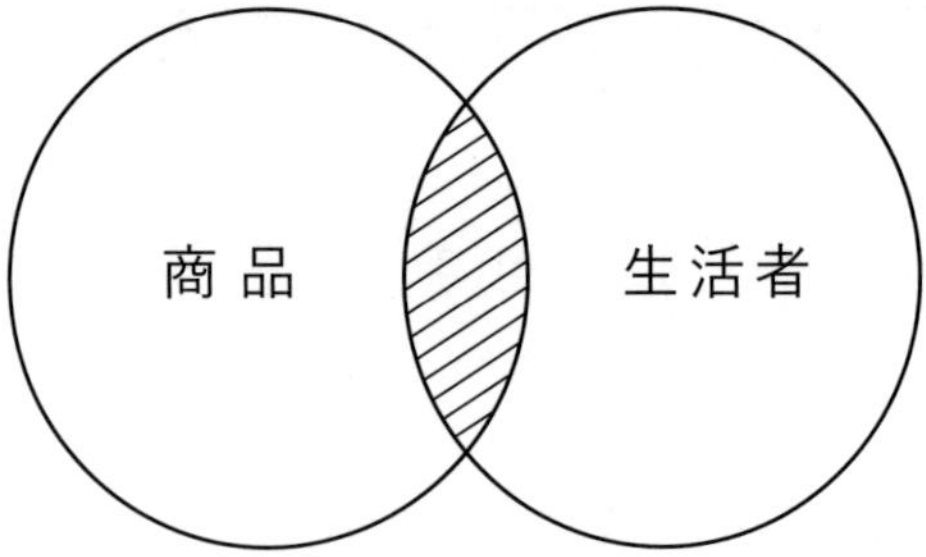

時々、事情が絡み合ってものすごく複雑な仕事に出会ったりします。そんな時でも、事情と本質をより分けて、いらないものを削っていくと、このシンプルな集合の図に収斂《しゅうれん》されていきます。

誰かの気持ちを自分の言葉で動かすということは、この補集合の部分に当てはまる言葉を探すということに他なりません。なので、この集合の図を常に頭の片隅に置いてください。

言葉を考えるということは、見渡す限りの砂浜の中から特定の砂粒を探すのに似ていて、どこかに手がかりがなくては途方に暮れてしまいます。その時にこの補集合部分を探すのだという指針があれば、ずいぶんやりやすくなるはずです。この補集合部分の見つけ方は後ほど詳しく話しますが、ここではともかくこの図を頭に焼きつけていただければと思います。

私は考える時に漫然と、闇雲に考えるのは時間の無駄だと考えています。スポーツで基本の型をまずはしっかり身につけろと指導者が口をすっぱくして言うように、考える型を身につけることはとても大切だと思います。

野球選手が素振りを繰り返すことでしっかりとしたバッティングフォームを身につけることができるように、コミュニケーションの課題を考える時に、この基本の補集合の型から繰り返し考えているうちに、相手の心に届く言葉を書く思考形式を身につけることができるようになります。

この型を身につけるもう一つのメリットは、書くことに費やす時間が短くなるということです。ああでもないこうでもないと、寄り道をすることがなく核心に一直線に迫ることができます。

以前のように何日も夜遅くまで、脂汗を流しながらPCに向き合う、もはやそんな時代ではありません。さっさと書き終えて、本を読んだり、友人と話したり、自分自身を豊かにするインプットに時間を使ったほうが有益だと思います。

相手の心に届く言葉を書くのにどんな能力がいるの?

言葉のコミュニケーションを取り巻く厳しい状況と、それを乗り越えていくための基本的な型の話をしました。次に、実際に書くにあたってどのような力が必要かという話をします。

私たちのいる広告クリエーティブの世界は、クリエーティブと名前がついているので誤解されがちです。クリエーティブ、つまり人が思いつかないようなものを創造する力が必要なのではないかと思ってしまうわけです。まあ、クリエーティブを普通に訳せば創造的な、となるのですからいたし方ないのでしょうけれど。

私は、クリエーティブの仕事に必要なのは、創造力ではなく想像力だと思います。私たちはアーティストではありません。芸術家なら人が見たこともない作品を作るために、創造力が必要なのはよくわかります。

コピーライターの仕事は、新しいものを作るのではなく、眠っているものを発見する仕事です。明確な言葉にはなっていないものの、人や社会がなんとなく感じていることをわかりやすい言葉にしていく仕事です。表面には現れていませんが、すでにそこにあるものを言葉にするのですから、「あぁ、わかる」と納得してもらえるわけです。

その時に必要な力は創造力ではなく、想像力です。

まずは、いま世の中は何を求めているのだろうと考えます。ここはかなり大雑把で構いません。大きな方向で世の中の気分とずれないようにするためです。例えば、コロナ禍の2020年だったら、「自由」かもしれません。人と会う自由も、旅をする自由も奪われてしまったのですから。

「自由」とか「平等」とか「家族愛」とか、これくらいの大きさで時代の気分をざっくりと想像します。この時代の気分は、それをそのまま言葉にするというわけではありません。この気分を下敷きにして言葉を考えるということです。いってみれば「コピーの気分」のようなものです。

少し具体的に話しますと、その商品を例えば「自由」という側面から語れないかを考えてみるということです。この時も先ほど話した補集合の基本の図で考えてみます。
仮にビールが商品だとすると集合の左にビールを、右に自由を置いて考えます。

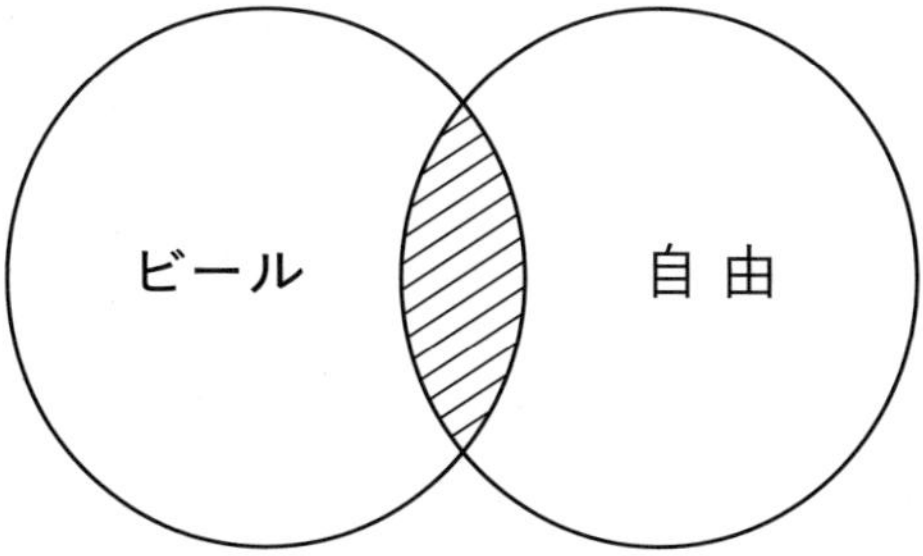

この補集合に当たる部分はなんだろう、もしかしたら自由とビールの共通点は、ビールを飲み干した後に訪れる解放感かもしれません。そこで解放感をテーマにしてコピーを書いてみます。解放感と自由は近しい感情なので、コロナでストレスを抱えている人には受け入れられるかもしれません。

そして次は、ターゲットのことを想像します。

ターゲットはどんな人なのだろう、この商品のどこに興味を持ってくれるのだろう、その時どんな言い方をすれば好意を持ってもらえるのだろう。この単語とあの単語のどっちがふさわしいだろう。こんなことを想像していくわけです。

もちろん何かデータがあって、それを元に想像しているわけではないので、精度は大丈夫なのかと疑問に思われる方もいると思いますが、大丈夫です。ターゲットのことをあれこれ想像して書くということは、書き手の意思の問題です。こういう人に向けて文章を書いていくと決め、それを手がかりにして言葉を選ぶわけです。

そうすることによって、人の心に届く文章ができる確率が上がります。逆にいうとこれをやらないで文章を書くと、高い確率で死んだ文章が生まれます。

ちなみに、この本は電通の若いコピーライターのA君と、広告の仕事とは全く関係がありませんが地元で頑張っている、好奇心旺盛なB君を想定して書いています。

誰に向かって書いています?

若い頃、コピーの先輩たちから「手紙を書くように書きなさい」と度々言われました。当時はよく意味がわからなかったのですが、今になってみると本当にそうだな、と思います。一部のデジタル広告は別として、広告は不特定多数の人に届いてしまう宿命を持っています。

まだ駆け出しの頃、どうも自分の言葉が届いていないような気がしてならない時がありました。手応えのようなものが感じられないのです。言葉を発しても、虚しく空間に言葉が消えていくような感じです。

その時ふと思ったのですが、面と向かって話すと理解してもらえるのに、広告のコピーになるとそれが怪しくなる、それは自分が誰に向かって書いているかを意識していなかったからではないかと。このパートのひとつ前で、ターゲットのことをよく想像しようと話しましたが、いま話しているのはそれ以前の問題です。

そもそも不特定多数の人に書いても、その言葉は届かないということです。

何年か前に首相経験のある政治家と昼食を一緒にしたことがあります。前から、街頭演説のうまい人だなと感じていたので、その秘訣《ひけつ》を聞いてみました。すると、おかしいくらいにここで述べているコピーの書き方と同じ答えが返ってきました。彼は演説を聞いている数百人に向かって話していたのではなく、例えば、前の方で子どもを抱いているお母さんに向かって話すようにしていたのです。

物理的にそのお母さんと政治家は面と向かっているわけではありませんが、そういう心持ちで話すと、不特定多数の人に話していた時と言葉が違ってきて、聴いている多くの人の心をつかむことができたのです。

電通の若いコピーライターに、相手が自分の目の前にいるという想定でコピーを書いてごらんとアドバイスをすると見違えるようなものを書いてきたりします。たぶん、これは広告のコピーだけに当てはまることではなく、プレゼンテーションの現場や企画書を作る時の言葉選びにも役に立つように思えます。

人間は不思議なもので、意識を変えるだけで行動が変わります。サッカーの監督が変わると、選手の顔ぶれは変わっていないのに、全く別のチームになるようなものです。つまり、監督が行っているのは意識変革なのです。

文章を書くという行動も全く同じです。目の前にいる人に向かって書くという意識を持つだけで、相手の心に届くものが書けるようになるのです。

最初に紹介した「手紙を書くようにコピーを書きなさい」というエピソードも、ある一人の人に向けて書きなさいということで、目の前にいる人に向かってコピーを書くということに近いものだと思います。ただ、手紙はあくまで書き言葉なので、表現の幅が限られてきます。目の前にいる人とは話し言葉でコミュニケーションできるので、言葉選びがより自由になります。

絞ることで、狭くなるのでは？

特定の誰かの顔を思い浮かべ、その人が自分の目の前にいるように言葉を書いていく。そうすることで言葉が心に届きやすくなるというのは、なんとなく理解いただけると思います。日常の体験で、あなたもそれを体験して知っているからです。

しかし、理解すると同時に、ひとりに向けて書いていたのでは、多くの人に届かないのではないか、という疑問が湧いてきます。特に広告は広く告げるのが役目なのですから、不安な気持ちになるのもよくわかります。

クライアントの中にはターゲットを絞っていくことを極端に嫌うところもあります。理由は、ここに挙げたとおり、もっと多くのお客さまに買っていただきたいからなるべく広めにターゲットをとって、絞りたくないということです。

ここは議論すべきポイントだと思います。

いろいろな業種で製品のコモディティ化が進んでいる状況下、広く浅いコミュニケーションでモノが売れるとは私はあまり考えられません。

千人がその製品の「存在は知っている」という状況と、二百人がその製品の「ファン」になっている状況が生まれたとして、果たしてその製品にとってどちらの状況が好ましいのでしょうか。私は二百人のファンを作った方が、その製品は長く市場に存在し続けられるのではないかと考えています。

そして、絞ることは狭くなることではないのかという懸念に対して私が楽観的でいられるのは、ひとりの人に向かって書いたとしても、結局はかなり多くの人に届くはずだと考えているからです。

例えば、アウトドア好きで自然の中で時間を過ごすことが好きな友人に向けてコピーを書いたとします。それはその友人にしか届かないかと言われればそんなことはありません。

世の中には彼と同じ価値観の人間がたくさんいます。彼に向かって書くということは、彼の背後に存在する人たちにもその言葉は届くということです。

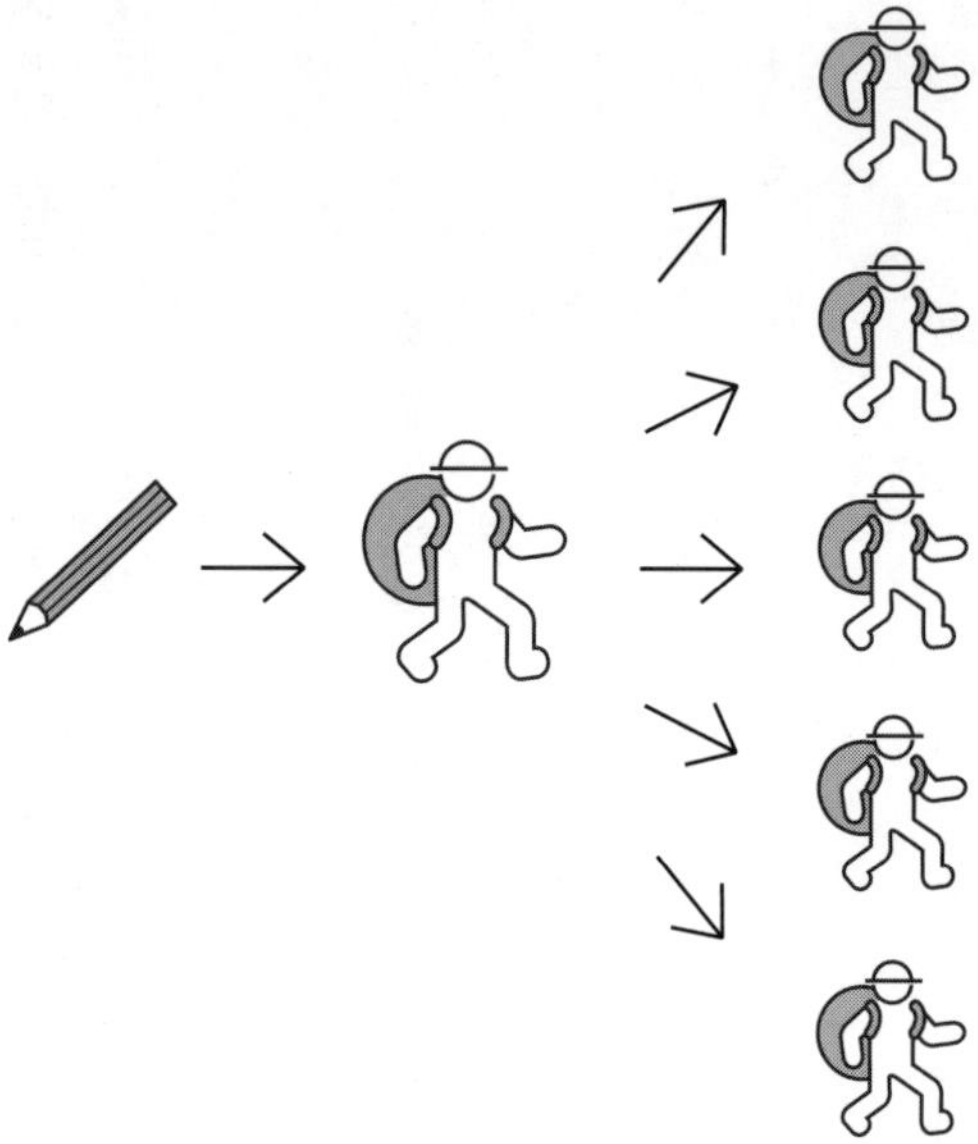

人間は自分に向かって話しかけられないと、耳を貸さない生き物です。まして、忙しくてイライラしている現代の人たちに、浅く広い問いかけは、ほぼ届かないと考えるべきでしょう。

「やあ、いい天気だね、こんな日に山奥のキャンプ場に行ったら新緑がキレイだろうね、そんな時、街で飲んでいるのと同じビールじゃつまらないと思わない？」

これはコピーではありませんが、こうやって友人に話しかけたら、彼以外の同じ志向を持っている多くの人も耳を傾けるはずです。

言ってみれば、あなたが話しかける具体的な誰かは、そのグループの人たちが集っている大きなサロンの扉のようなものです。その扉をノックして、こんにちは、と部屋に入っていくのです。

基本的に無関心な人たちの顔をこちらに向けるためには、まず自分に向けてこのメッセージは発信されているぞ、と気づかせることから始めなくてはいけないことを覚えておいてください。

慣用句のジレンマ

最近、テレワークが増えたせいか、メールベースの情報のやり取りが以前より増えました。その時、気になることがあります。

「引き続きよろしくお願いします」という一文です。この言い回しは数年前にはあまり見なかったような気がしますが、ここ最近よく見かけます。特に若い人からのメールの文末にほぼ80%くらいの確率で入っています。

こんなこと気にしなくていいのかもしれませんが、気になります。意味としては、これまで同様にこの先の仕事でも、ちゃんとやってくださいね、頼みましたよ。ということだと思うのですが、これは前提として、少なくとも今まではきちんと相手に向き合ってきたという自覚が、メッセージを受け取る側である自分にあるときに成立する言い回しです。

しかし現実でいうと、相手に向き合う態度がいつでも同じく一生懸命かと言われれば、残念ながらそうではありません。こちらの仕事が立て込んでいて忙しい時には、ついつい佳境を迎えた仕事の方を優先してしまい、もうひとつの仕事の方は、まだ時間があるだろうと対応がおざなりになってしまいます。そういう時は、相手に対してちょっと申し訳ないなという軽い罪悪感を持っていたりします。

そんな時に、その相手からのメールの文末に、「引き続きよろしくお願いします」と書いてあると違和感を持ってしまうのです。

ちゃんと向き合えてなかったのに、申し訳ないという気持ちが増幅したり、向き合ってくれていないことを発信する側も感じていて、これからはお願いしますよ、と半分嫌味で言ってきているのかなとか。

メールを送った本人は、たぶんそんなややこしいことはいっさい考えていなくて、儀礼的にこの一文を添えているだけだと思います。なので、普通はこちら側も儀礼的に受け止めればそれで一件落着なのですが、私はこういうやりとりがその人のコミュニケーションの力を停滞させているように思えるのです。

この「引き続きよろしくお願いします」の例でいえば、もし送り先の人間の対応に熱量を感じていなかったとしたら、「お忙しそうですが、この仕事もそろそろ佳境を迎えます、どうぞよろしくお願いします」と伝えれば、受け取った側も、「お、そうか」と素直に感じます。

あるいは、相手の対応に特に不満はないけれど、もっと頑張ってもらいたい時には「この仕事、絶対に面白くしていきましょう。引き続きよろしくお願いします」と、儀礼の言葉に一文を足すことで受け取った方は、ますますやる気になるはずです。

もしあなたが、知らず知らずのうちにこういう慣用句を使っているのなら、これから先は使わないと決めてしまってはどうでしょう。慣用句の代わりに、メッセージを送る相手に最もふさわしいオリジナルの言い方を考えてみる。何も複雑なことを考える必要はないのです。ほんの一言添えるだけで、その言葉は相手に届くようになるのです。

例えば、メールの最後に、自分のメールを書いている場所を添える。「家族も寝静まったリビングにて」とか「すいません、以前連れて行ってもらったあのバーのカウンターでメールしてます」みたいなことです。本文がビジネスの連絡事項だったとしても、こんなふうにメールが終わっていれば、人と人のコミュニケーションで終われるように思います。

要は、相手との距離をどうすれば縮めることができるだろうと考えて、こちらの態度をフレンドリーにしていく。そのフレンドリーな態度を言葉で感じてもらうにはどうすればいいのかを考えることが大切です。

型にとらわれない頭でいよう

先ほどコミュニケーションの基本の型を身につけよう、型を身につけないのは時間の無駄だと言っておきながら、型にとらわれないとはどういうことだと思われるかもしれませんが、この場合の型とは直前で話した慣用句的なルールにあまりとらわれない、という意味です。

例えば手紙などの定形文などは、礼儀としての一面も確かにありますが、そのルールに則って書くとサマになるから便利に使われていると思います。最初に「拝啓」「謹啓」などの頭語と呼ばれるものが来て、次に時候の挨拶と先方の安否伺いが来ます。「おだやかな小春日和が続いています。皆様にはますますご清祥のことと存じます」、みたいなやつです。そのあと本文が入って、「今後ともご指導、ご鞭撻を賜りますよう、よろしくお願い申し上げます」のような結びの言葉が入り、最後に「敬具」「敬白」などの結語で締めくくる。だいたいこれがルールになっています。

こういうルールのあることのメリットは、先ほど話した、礼儀やサマになる、恥ずかしくない、一種の決め事として読み手側が感じる安心感だったりします。

それは茶道や日本舞踊のように型による進行に近い感覚だし、大袈裟にいえば手続きに沿って進んでいく政治や行政などの社会構造の縮図のような気もします。

いずれにしても全体適合をもたらすルールだといえます。この全体適合がもたらすものは、一定の理解です。社会全体の共通認識を得るためには必要なことだと思います。しかし、ある個人の心を動かしこちらの望んだ行動喚起を勝ち取るためにはあまりにも不十分です。

私たちの求める深いコミュニケーションを最も邪魔しているのは、日本全体に染み付いてしまっている、型による共通認識を得るための思考様式なのかもしれません。

共通認識を大事にしすぎると、人と違ったことをしたり発信することが調和を乱すことと叱られたり、それこそ出る杭は打たれる状態になってしまいます。そうなると人は自分らしさを前面に出すことに対して臆病になってしまいます。

いつもいつもそういうルールから超然としていろと言っているわけではありません。本当に人に何かを伝えたい時に、ルールを無視して自分の思いを語れるちょっとした勇気と、自分モードに切り替えられる柔軟な頭を持っていよう、ということを言いたいのです。

この本では、私が身につけてきた広告コピーの具体的な書き方の話をしていきます。ちょっと専門的な話になると思います。今、私と同じ仕事をしている人はそのまま受け止めてもらって構いません。コピーライターではない人は、コピーの書き方の技術論からコミュニケーションの法則を読み取ってもらえるのではないかと思います。

もとになっているのは言葉です。役に立つはずです。

技術の話に移る前に次の章ではちょっと自分の話をさせてください。私が言葉とどんなふうに向き合ってきたのか、いや向き合わざるを得なかったかを話したいと思います。そうすることで、そのあとの言葉の技術の話がすんなりと頭に入ると思うからです。

2

私の言葉体験、こんなふうに鍛えられてきました

この先、言葉についていろいろ書いていくのですが、みなさんに「どうせ、子どもの時から本の虫だったんじゃないの」「もしかして小説家志望だったりして」なんて具合に、私が最初から言葉のプロを目指していたんじゃないかと思われてしまうことを危惧しています。そう思われてしまうと、スタート時点のモチベーションがそもそも違うんだからとか、もともと言葉の才能があったんじゃないかとか、ある意味こそばゆい誤解をされてしまう可能性があります。この本を広告業界のクリエーターだけでなく、学生や業界以外の社会人の人にとっても、意味のあるものにするために、私のスタート地点を正確に理解してもらった方がいいと考えています。

言葉を磨くのに、特別な才能は必要ありません。かといって何も考えずにのほほんと毎日を過ごしていたのでは、決して言葉の能力は向上しないのも事実です。

この章では、私がどんな具合に壁にぶつかり、どんなことに興味を持ち、毎日どんなことを考えて言葉に向き合ってきたかを書いていきます。

広告会社のコピーライターという、少し特殊な環境ではありますが、普通の人間が言葉を勉強していく様を、この本を通じて擬似体験してもらえると嬉しいです。自分だったらどうするだろう、どう感じるだろうと自分に置き換えて想像してみてください。この本でこの先も述べていきますが、この想像するという行為は、言葉を使ったコミュニケーションを考えていくうえで、とても大切なことです。

静寂、のち大爆笑 私はポカーン

私の出生地は愛知県名古屋市です。故郷でもなく、出身地でもなく、単に生まれた場所を指し示す出生地という言葉を思わず使ってしまったのは、当時の自分にしてみればそれなりに衝撃的な苦い思い出があったからだと思います。

ビール会社に勤めていた父親の転勤で、家族揃って名古屋から東京に引っ越したのは、私が小学校一年の秋でした。当時、私はけっこう快活な子どもで、初めての転校が楽しみで、ワクワクして初登校の日を迎えました。

担任の先生に連れられて教室に入り、先生が私を紹介してくれました。お決まりの言葉です、「今日はみんなに新しいお友達ができました。名古屋から転校してきた、伊藤公一君です。みんな仲良くしてくださいね」。みなさんも経験があると思いますが、子どもにとって転校生がやってくるというのは、結構な事件であり、ワクワクする出来事です。その日も、クラスのみんなは私を興味津々に見ていたはずです。

先生に促されて、私は挨拶をしました。

「愛知県名古屋市から来ました。伊藤公一です。虫を捕まえるのが大好きです。一緒に遊んでください」

みんなが私語ひとつなく、私に注目してくれていることに気を良くして、大きな声で言いました。

バリバリの名古屋弁で。

たぶん、クラスのみんなは初めて聞いたんでしょうね、バリバリの名古屋弁を。クラスは一瞬、静寂に包まれました。その直後、爆発するような笑い声に教室は包まれました。私は何が起きているのか、なぜみんながこんなに大笑いしているのか、全く理解できずに笑顔を引きつらせて、呆然としていました。初めて聞く名古屋弁はそうと珍妙に聞こえたんだと思います。

それから厳しい日々が始まりました。ひとこと喋るだけで、相手はクスクス笑いで私を見るのですから。快活な自分はすっかり影を潜め、人前で話すことが怖くなり、一時的な失声症のような状態になりました。こうやって改めて書いてみると、ちょっと悲惨ですね。

私が初めて言葉を意識したのは、この小学校一年の出来事だったと思います。この後、私はともかく標準語をマスターしようと努力し、その一方で野球の練習に精を出しました。なぜ野球かと言うと、当時ほとんどの小学生が野球に夢中で、言葉がダメでも野球が上手くなれば、クラスに溶け込めるのではないかと子どもながらに思ったのだろうと思います。今さらながら、涙ぐましい努力です。

こんなことがあったので、私は言葉に敏感な子どもにならざるを得ませんでした。

その後、小学六年生の時に2回目の転校で札幌に行きました。その時は最初とは逆に標準語で押し通しました。たぶん、東京からやってきたことを、自分の価値にしたかったのだろうと思います。そう考えると、なんだか感じの悪い子どもだったかもしれません。しかし、以前のような思いは二度としたくないという強い思いが、そうさせたんだと思います。幸か不幸か、子どもの時に私は言葉の恐ろしさを知ってしまったのでしょう。

全て、北海道のおかげかも「あの感じ」に出会えたのだから

小学六年から高校卒業まで過ごした北海道はそれは素晴らしい土地で、人や食べ物もとても魅力的なのですが、なんと言っても自然環境の豊かさ、無垢さ、荒々しさ、美しさに私はすっかり虜《とりこ》になってしまいました。

釣竿を片手に、針葉樹の森を熊に怯《おび》えながら、湖目指して歩いていた時のヒリヒリとした緊張感。ひと足早く雪を抱いた山々から、海辺目指して吹き下ろしてくる風の匂い。受験勉強に疲れた深夜、眠気覚ましに窓を開けると、札幌市の真ん中だというのに、全ての物音は降り積もる雪に吸収され、その清潔な静けさに気持ちが洗われた

りもしました。

これらの体験は当然、言葉として私の体内に入ってきたものではありません。あくまで感覚や嗅覚、聴覚として私が経験したものです。その好ましい経験を、感受性の豊かな高校生までにできたことはラッキーだったと思います。

その素晴らしい一日が終わって寝床についた時に、今日の体験を目を閉じて少しドキドキしながら再現してみようと試みるのが常でした。落ち葉を踏んでひとり森の奥を目指すあの感じ、吹く風の中に雪と冬の匂いを嗅ぎ取るあの感じ、全ては言語化できていない、抽象的な「あの感じ」なのです。それらのとっても素敵なあの感じを、私は寝床で無意識のうちに言葉にしようとしていたように思えます。

言葉にすることが大切だったのではなく、大事だったのはその経験を忘れずにいたいということでした。そのために抽象的な感覚を最もリアルに再現できて記憶しておける言葉を、無意識に精査していたように思えます。今でも、その感覚をきっちりと言葉にできたようには思えません。そして何より、高校生の頃と同じようなことを、今でも仕事としてやっていることに気がつき、自分でもびっくりしています。

この手で触ることも、目で見ることもできない人の心。それを動かすコピーを考えるということは、抽象的な「あの感じ」を言葉にすることに近しい感覚です。意識や感情がうごめいている混沌とした底の見えない井戸に、手を突っ込んでまさぐっている。すると、やがてなにかドクドクと脈打つものをつかむことができる。それを井戸の中から引き上げると、開いた指の間からざあざあといろんなものが流れ落ちる。余計なものたちが流れ去るのに任せた後に手を開いてみると、そこには探していた意識や感情を言い当てる「当たりの言葉」がドクンドクンと心臓のように脈動している。長い時間をかけて追いかけていた獲物をやっと手にした猟師のような嬉しさがこみ上げてきます。

そもそも、広告のコピーに限らず、何かを言葉にするということの楽しさは、抽象的な自分の感情を、自分なりの言葉で具象化していく、こういった過程にあるのかもしれません。こっちの言葉より、あっちの言葉かな？ よしよしだいぶ近づいたぞ、と心の中でニヤニヤしながら言葉を選んでいく感覚。なかなか完成しないプラモデルを作っている感じに近いような気がします。

そういう言葉化する楽しさの原体験を札幌時代にできたことはやはり幸せだったのだと思います。ありがとよ、北海道。

ヤバイ、就活しなきゃ
ヤバイ、なんなのこの「優」の数

大学を東京で過ごした私にも就職の時がやってきました。当時の企業と学生の需給のバランスは、売り手市場でも、買い手市場でもなく、良くも悪くもない普通の状況だったと記憶しています。

しかし、私個人としては決して楽観できる状態ではありませんでした。

なんと言っても成績が悪い、桁外れに悪かったのです。優の数は体育含めて5つくらい。これは何か理由がないと、人事の担当者に許してもらえないレベルだと考えていました。留学経験もない、英語も喋れない、体育会系運動部で鍛えられたわけでもない、ずば抜けているのは成績の悪さだけ。これでは書類選考での勝ち目がないことは明らかでした。

面接しかない。面接頑張るしかない。

私は悲壮な覚悟を決めていました。最初にやったことは、自分という人間を冷静に客観的に見直してみることでした。面接なんて10分やそこらなんだから、実際の自分より優れた自分を演技でごまかせばいけるんじゃない？とは絶対に考えないようにしました。

こっちは甘ちゃんの学生、面接官はたくさんの学生のそういった演技を見破ってきたプロ。確実にバレる、そう思いました。救いようのないほど成績が悪く、しかも演技で大人をごまかそうとする、そんな学生、自分が面接官でも絶対に採用しません。

自分の良いところは強いて言えばこういうところだな、弱点はたくさんあるけどまあこんな感じかな、自分自身を俯瞰して観察するような感じで長所短所を見つけていきました。気をつけたのは3つのことです。ささやかな長所はその現象面を言うのではなく、そこに内包される本質的な性質・成果を述べるようにすること。

例えば、自分は好奇心が旺盛なので学生時代、旅することに時間を使いました、と現象を話すのではなく、旅を重ねることで、自分は安定より変化を好む人間なんだなあ、ということが再確認できました、と話した方が本質的ですよね。そして、別にこれはウソではない。旅好きという自分を、客観的に観察して発見したものなのですから。何かを客観的に観察して、その中の本質を探り出す。いまにして思えば、これもコピーを書くうえでとても大切で基本的な振る舞いではありますね。

2つめは、短所は隠そうとしないことでした。

言い訳するよりカラッと認めてしまった方が、その短所が実はたいしたことではないように見えるのではないかと思ったのです。私の場合、案の定、面接の時になんでこんなに優の数が少ないの？ と必ずといっていいほど質問されました。

あれこれ言い訳めいた返答も考えたのですが、どれも見透かされそうで、結局、苦笑いしながら、はい、どうもお勉強は苦手なようです、と答えるようにしました。せめてもの抵抗は成績の悪さを、お勉強という点取り虫用語で中和させようとしたことぐらいでしょうか。うまく伝われば、まあたいしたことじゃないかと思ってもらえるかもと考えた苦肉の策でした。しかし、これにしても実際に授業に出て、面白いと思えなかったので、ある意味、本当のことです。

3つめに気をつけたのは、実はこれがとても重要だったと今は思うのですが、「感じよく喋る」ということでした。これはニコニコハキハキ学生らしく話すということでは必ずしもありません。面接用の自分ではなく、素の自分で話しているように伝わるということです。もちろん、相手は年上ですから丁寧な言葉で話すのですが。

例えば、自分の長所を話すのって照れくさいですよね、だから面接でも照れくさそうに話す。偉そうなことを言う時は、生意気かもしれませんが、と最初に言ってから、自信を持って話す。考えてみれば面接って、コミュニケーションの力が試される最もわかりやすい場面です。

そんな具合に就職活動を続けていき、結果的には電通に入社することになりました。別段、広告に興味があったわけでもなく、入社試験を受けたきっかけは父親と同じビール会社の宣伝部で働いていた方に、広告会社も受けてみたら? なんか向いてる気がするよ、と勧められたからです。なぜ、その人がそう思ったのかは全くわかりません。でもその一言がなければ私がこの本を書くことはなかったはずで、人間の縁とは不思議なものだとあらためて思います。

電通の面接では希望する職種を聞かれました。

私は迷いなく営業希望ですと答えました。営業に向いてるかどうかは自分ではわかりませんが、仕事の基本はどんな会社だって営業だろ、という当時の自分のざっくりとした、やや乱暴な（今でも間違っていないと思っていますが）原則にのっとってそう返事をしたわけです。

その時は勉強不足でクリエーティブ局という部署が会社にあることもちゃんとわかっておらず、コピーライターという仕事の名前は知ってはいましたが、自分がそれをやるイメージは全くありませんでした。

え？ コピーライター？ 僕が？ なんで？

営業希望とあれだけはっきり言っていたのに、配属はクリエーティブで職種はコピーライター。初めてそれを人事から告げられた時の感情は、これはえらくまずいことになったぞ、でした。

コピーライターなんて仕事は、文学青年崩れの特殊な人がタバコを燻《くゆ》らせながら、沈鬱な顔をして、ときおり額にかかる前髪をうるさそうに掻きあげ原稿用紙に向き合う、陰気くさい仕事だと思い込んでいました。だから自分のようなごく平凡な人間には到底できる仕事ではないと、わりと真面目に途方に暮れました。

同期のクリエーティブ配属の連中が一緒になって行う集合研修にも、太宰治ばりに破滅的なやつがいたり、面白いことを思いつくと奇声を上げる癖があるやつがいたり。そもそもアート採用のやつらは、皆、美大出身です。私はそれまで、美大生をそんなにまとめて見たことがなかったので、個性の塊のような彼らを目の当たりにして、出てくるのはハァというため息ばかりでした。こんな奴らと一緒にやっていけるのか？　いやいやムリだろうと、自分のどこを探しても自信のかけらすら見つかりませんでした。

研修が終わり、配属された現場は、コピーライター7人にアートディレクター1人といういびつな人員配置のコピーライターばかりの部でした。部長であるクリエーティブディレクターもコピーライター出身の人で、そういう意味では師匠には事欠かない配属先だったと思います。

毎晩のように先輩たちに飲みに連れて行ってもらう中、ある日、酔った勢いで部長に訊ねてみました。営業希望とはっきり言っていたのに、なんでコピーライターなんですか？　という今さら聞いてもしょうがない質問です。どうしても腑に落ちなくて気持ちが悪かったので酒の勢いで聞いてみたということです。

落花生の殻を割りながら、部長は面倒くさそうに答えてくれました。「作文だよ、作文で配属が決まったんだよ」。

当時の電通の入社試験には二千字ほどの作文の課題がありました。私の年のテーマは「うまい！」というものでした。部長はその作文の課題で私のコピーライター配属が決まったと言うのです。文章を書くのが得意だったわけではありません。正直、二千字の作文なんて書いたこともありませんでした。ただ学校の成績が底辺の私は、作文も含めて全てのチャンスに全力で臨まなければいけません。

その時も真剣に考えました。

まず、テーマが「うまい！」です、エクスクラメーションマーク付きの、うまいです。これは普通のうまいではないなと思いました。びっくりマークがついてるくらいのうまさだなと。

人はどんな時に感嘆符をつけてうまい！と声に出すのだろうと考えました。世界最高のシェフが世界最高の食材を使って何かを作ってくれれば、そして自分が腹を空かしていれば、それはうまい！だろうけど、それって二千字も使って書く意味あるのかな？あまりに当たり前すぎて何も創造してないよな。だんだん食べ物の話をいくらしても無駄なように思えてきました。これは登場人物の設定の方が大切で、口にするものはそれこそ普通の水でもいいのではないだろうかと考えました。そもそも人が物を食べるということの本質的な意味、そしてそれがうまい！と感じるのは生命力の象徴であり生きる喜びの発露なのではないだろうか。

だとすると、例えば生きていることに望みが持てず、自死を考えていた人間が、何かを口にしてそのあまりのうまさに、絶望の淵から抜け出し、生き続けることに決めたとしたら、そのうまいは「うまい！」と言えるのではないだろうか。

ここまで考えがまとまれば、あとは比較的、楽でした。

舞台は冬の北海道、積丹半島の海辺。

登場人物は、夏に無邪気に遊んだその海を、死ぬ場所に選んだ、高校生の男の子と女の子。

夏の穏やかさとはうってかわり、息もできない壮絶な地吹雪と、打ちつける波が泡のように空中を舞う波の花に追われるように、体の芯まで凍えながら壊れかけた漁師小屋に入った2人は、床板を薪《たきぎ》にして打ち捨てられていたヤカンに雪を入れ白湯《さゆ》を沸かします。死を間近にした重苦しい沈黙の中、男の子から欠けた茶碗に注がれたお湯を飲んだ女の子が声を上げました「うまい！」。

深刻な状況とあまりにかけ離れた、素っ頓狂な声に思わず笑い出した2人は、もう一度街に帰って生きることにした、というような話を作文にしました。

書いた文章そのものは拙いもので、文章そのものが評価されたのではなく、人とは違うものを書こうと意識して、うまい！という題に込められた本質を自分なりに解釈して作文をした、というところが評価されたのだと思います。

繰り返しますが、文章が上手いか下手かはあまり関係はなかったと思います。大切だったのは、本質を捕まえようと考えたこと、そして自分なりの言葉で精一杯それを文章に記していったことだったのでしょう。

部長に作文で配属されたと聞いてから、少し私は気が楽になりました。もしかしたら、やっていけるかもよ俺、と。

でも、そんな甘いものじゃなかったんです。

皆さんも業務日誌、書いたことありますよね

ちなみに私の新人時代は1980年代です。なので、ここに書かれていることは当時の話で、当然、今の状況とは大きく違うことはご理解ください。というか、今の若い人からしてみると、なんだこりゃ？　と想像するのも難しい理不尽なことばかりかもしれません。華やかさのかけらもない、めちゃくちゃ泥くさい毎日でした。

当時のコピーライターの世界は完全な徒弟制度でした。私の場合も、今で言うメンター的なベテランの先輩の下に一応ついていました。しかし私が所属していた部は、前述したようにコピーライターばかりの部で、多士済々《たしさいさい》といった趣がありました。ひねた梁山泊《りょうざんぱく》といったところでしょうか。中でも、部長であるクリエーティブディレクターはまさに親方といった人で、おっかないのです。

新人の私は毎日、その親方に業務日誌を提出しなくてはいけません。業務日誌ですからその日の仕事の話や感じたことなどを書いて真面目に提出していました。ある日、部長から返却された業務日誌を開いてみて、面食らいました。そこには大きく赤字で、

つまらん、と書いてありました。え？ってなもんです。

私がつまらない仕事ばかりをやっている、という意味かと最初は思いましたが、新人のやるべき仕事なんてみんなそんなものですから、どうもそういうことではなさそうです。もしかして書いてある中身がつまらないってこと？でも業務日誌って面白く書くものなの？

謎は深まるばかりです。いまにして思うと、部長にとっては、新人の私の毎日の業務なんてどうでもよかったんだと思います。興味もなかったでしょうね。それを、一応付き合って毎日読んではみたものの、退屈で仕方ない、そして思わず、つまらん！と爆発したんだろうと思います。

自分がその立場になったらそう思うだろうな、と今では理解はできるのですが、当時の私にとっては結構ショックな出来事でした。

私自身も、決して楽しくて日々の業務の話を書いていたわけではありません。だからもういいやと居直りました。それで、業務中にお使いでタクシーに乗ると、妙に赤信号で止められる日がある。それはその日の私の運勢なのか、このタクシーの運転手さんの持って生まれた運なのか、すごく気になって、思わず運転手さんに「赤信号に止められやすい体質ですか？」と質問をしてしまった、と書いて提出しました。

次の日の朝、部長は私に、「馬鹿だなお前」と半分だけ口元で笑いながら日誌を返してくれました。部長の表情を見て、私はこの「馬鹿」は褒め言葉の「馬鹿」だなと感じました。

バカでも面白い方がいいのだなあと、気がつかせてもらった瞬間です。それにしてもバカと言われて嬉しかったのはこの時が初めてです。駆け出しとはいえ、コピーライターなのだから、たとえ業務日誌とはいえ人を退屈させるんじゃないよ、という戒めだったのだろうと思います。

思います、と想像でしか言えないのは、はっきり本人がそう私に言ってくれたわけではないからです。それがかえってよかったかも、と思えたりします。その典型的な例を話します。

毎日、あいうえお、を原稿用紙に書けと言われたわけです

今の時代にやったらパワハラで問題になりそうですが、部長に提出していたのは業務日誌だけではありませんでした。ある日、部長が私に、明日から原稿用紙に、「あいうえお」を書いて自分に見せろと言いました。なぜ「あいうえお」なのか何の説明もありません。

理由もわからないまま、上長の命令ですから、あいうえお、かきくけこ、さしすせそ(以下略)、と原稿用紙に書きました。いくら成績が悪くても大学も出ていますから、さすがに誤字もありません。なんせ平仮名ですし。しかし次の朝、出社すると私のデスクに昨日の原稿用紙が置いてあります。そこには大きく赤いバッテンが。

なんで? 何か間違えたかなと、もう一度「あいうえお原稿」を読み返します。問題ありません。そこには完璧なあいうえおが、記されていました。横書きで書いたのが

お気に召さなかったのかなと考え、その日は縦書きで「あいうえお（以下略）」を原稿用紙に書きました。誤字脱字がないか念のために推敲して、部長のデスクに置いて帰りました。

翌日、ちょっと不安な気持ちで出社するとデスクには昨日の原稿用紙が置いてあり、同じく赤いバッテンが書かれています。ちょっと意味がわからないよ、とさすがにむかっ腹を立てた私は、部長席にツカツカと歩み寄り、どこがダメなのか説明してくださいと口を尖らせて質問を投げかけました。その時の部長の憎たらしいこと、そっぽをむいて読んでいた新聞から目も離さずに「ダメなもんはダメなんだよ」ですって。

言うに言われぬ事情で、と言い訳をする人にその事情を聞けないのと同じように、ダメなものはダメと言っている人にどこがダメなんですかとは聞けないものです。釈然としない気持ちのまま自分のデスクに引き返した私は、その日は「あいうえお原稿」は書きませんでした。どうしたらいいのか全くわからなかったからです。書いてみせろといっていたのに、その日私が提出しなくても部長は何も言いませんでした。

その頃、あいうえおではない普通のコピーを先輩メンターから書いてみろと言われ、デスクで夢中になって書いていると、背後に人の気配を感じました。振り返ると、部の他の先輩が肩越しに私の書いたものを覗き込んでいます。「何ですか」と問いかけると、「ホッホホー」などと言いながら手を後ろで組んだまま遠ざかっていきます。あれは絶対に驚きと感心のポジティブな「ホッホホー」ではありません。

あいうえおに行き詰まっていた私は真似をして、コピーを書いている先輩たちの背後から覗き見してみることにしました。藁《わら》にもすがる思いです。私の他に6人もコピーライターがいるので、覗き放題です。

大抵は嫌な顔をして原稿用紙を腕で隠されてしまうのですが、それでもある時、先輩たちの書く文字が似ていることに気がつきました。私の書いていた文字は学生の頃から右肩上がりの金釘文字で、完全な自己流の書き文字です。

先輩たちの書く文字は丸っこいどちらかというと可愛らしい文字で、原稿用紙のマス目いっぱいではなく少し余白を残して書かれていました。ひょっとするとこれ？と思った私は、早速その先輩たちの文字を真似して「あいうえお」を書いて部長に提出してみました。

翌日、私のデスクには大袈裟なハナマル付きの原稿用紙が置いてありました。要は、お前の文字はコピーライターの文字ではないと部長は言いたかったのです。

それなら早くそう言ってよ、と思いますよね。

私もそうでした。でも、後で考えると自分で悩み考えて、その問題の解決策にたどり着いたことは本当に良かったと思っています。部長に、お前の文字は学生のそれで、プロの文字ではない、故にコピーライターの文字を書けるようにしろ。これは俺が若い頃に書いていた原稿だ。これを参考にしろ。と言われたらなんて楽チンだったでしょう。

でも、そうされていたら、自分では何も考えずにただ先輩の言葉を鵜呑みにして、コピーライターの文字で原稿を書くようになっていたと思います。でも、自分で考えて結論にたどり着かざるを得なかったことで、本当の筋肉となって私の力の源になったように思えるのです。私はこの部長の無言の教えから、人一倍、自分の書く文字にこだわりを持つようになりました。これは大切なことなので、この後詳しくお話しします。

今これをやれば確実にパワハラでしょう。今はもっと合理的に人を育てるために、つまり短い時間で戦力に育ってもらうために、会社も先輩たちもいろいろ新人にメソッドを教え込みます。新人たちはフンフンそういうものかと、言われたことを忠実に守りながら仕事に向き合います。しかし、自分で悶絶《もんぜつ》しながらたどり着いた結論と、ここうしなさいと教えてもらったノウハウではどちらが本当の力になるのでしょう。自分で解答を見つけ出せという「教育」を受けられたことを、私はとても感謝しています。

コピーはとてもか弱い生き物、すぐに死んでしまいます

部長の物言わぬ導きにより、プロのコピーライターの文字を習得することを教えてもらった私は、もう一つの大切なことが、この教え、つまり「自分の書く文字にこだわれ」ということに潜んでいると気がつきました。

キャリアの浅い私の書くコピーの前には、多くの試練が待ち受けていました。最初の難所は先輩のコピーライターです。新人が一人でクライアントのコピーを任されることはまずありません。ほとんどの仕事に先輩のコピーライターがついています。私の書いたコピーの多くはこの最初の関門で息絶えてしまい、藻屑と消えてしまいます。

運良く先輩のチェックを潜り抜けたコピーも、さらに百戦錬磨のクリエーティブディレクターの厳しい目線を越えていかなくてはいけません。最初の関門を潜り抜けた自分のコピーは、そのほとんどが無言のうちに脇に寄せられ、二度と顧みられることはありませんでした。手向《たむ》けの言葉もなく葬り去られ、記憶から抹消されていきます。

イメージは鮭です。川で孵化した鮭の多くが、海に降りる途中で他の魚の餌となり、海に降りた後も外敵の脅威に晒され、ごくわずかな鮭だけが故郷の川に帰還する。そんな過酷な鮭の一生とコピーの一生は似ているように思えます。

クライアントの目の前で、つまり公式戦に臨んで、そこでふるい落とされるならまだしも、新人とはいえどもそれなりに寝る時間を削って生み出したコピーが、いわば社内の練兵場で何もなかったように机の隅に追いやられていくのを目の当たりにするのは辛いことでした。

私は自分のコピーの生みの親なわけですから、子どもである自分のコピーが、外の世界の荒波を少しでも越えていける確率を増やしてあげることが親たるものの務めなのではないかと思うようになりました。

そもそもプロとしてのコピーライターの文字は、そのコピー原稿がデザイナーなどから誤認されることなく正確に伝わるようにと生まれたものです。そこにはとても機能的な理由が存在していたわけです。

しかし、駆け出しのコピーライターの私は、自分の拙いコピーをよりチャーミングに見せるための自分の文字が必要なのではないかと考えるようになりました。少なくともそのコピーに込められた自分の想いがなるべく伝わるようにするためには、どんな文字がいいのだろうと追い求めるようになりました。

自分が考えたコピーが、世の荒波を乗り越えて、人々の目に触れるように、つまり採用される確率を少しでも増やすために、なるべく魅力的な字を書くようにしようと思うようになりました。筆記用具は何がいいのか、濃くて柔らかい鉛筆がいいのか、もっと太いマーカーがいいのか、それとも万年筆の滲《にじ》んだ感じがいいのか。平仮名と漢字の大きさのバランスはどうするのか、文字の跳ねをクルクルと髭のようにしてみると面白いのではないかとか、いろいろ考えながらコピーを書いていました。

どんな文字で書いてもおそらく本当にいいコピーは、そんなこと関係なく良さが伝わるのでしょうが、いつもそんなコピーが書けるわけではありません。もちろん箸にも棒にもかからないダメなコピーは、いくら文字にこだわっても良いコピーに見えるわけはありません。この場合、「普通よりちょっといいコピー」を、「普通よりかなりいいコピー」に見えるようにおめかしをさせてあげるというわけです。

そんな具合でしたから、提出用のコピー原稿を書く時は真剣でした。ちょっとでも気に入らないとクシャクシャと丸めてゴミ箱に投げ入れてしまいます。私の場合、仕事用の文字とプライベートで書いている文字は全く違います。

さすがに、今の時代は手書きで原稿を書くことも少なくなりましたが、ここぞという時にはいまだに手書きの企画書でプレゼンテーションに臨んでいます。自分の書いたコピーが大切なら、少しでも良く見えるように努力するのは当たり前のことだと思います。

時々、コピーライターになりたての若い人が、クシャクシャと汚い字でコピーを見せにきたり、ワードで一枚にいくつもコピーを並べて持ってきたりしますが、もったいないなと、とても残念な気持ちになります。自分の考えた言葉をもっと大事にしてあげようよ、コピーはか弱い生き物なんだから。

プロって厳しいですよね、言い訳できませんから

コピーライターになって数年が経ち、なんだかんだと優しい親方のもとを離れいろいろなクリエーティブディレクターと仕事をさせてもらうようになりました。概ね無難に過ごしていたのですが、あるとき、とてつもない人と仕事をすることになりました。

今もし会って話をするとしても、私、たぶん直立不動です。

自分にとってはコピーライターのお手本と言うよりも、目指すべき憧れのクリエーティブディレクターというべき人でした。どうしてこんなに、素敵なストーリーでプレゼンできるのだろう、見てみなよクライアント、ちょっと涙ぐんでるよ。

いや、ほんとに競合にも強いし、できあがったものもカッコいいし。

でも、キツイのです、容赦ないんです。僕らに対して。

駆け出しとはいえ、名刺にコピーライターと記してある以上、人は私をプロのコピーライターとして認識するはずです。だとすると、自分のコピーが未熟だったなら、どんなに強い言葉でそれを罵倒されても、それは自分の責任として受け止めるべきだ。だってプロなのだから。

その頃はこの広告クリエーティブの世界で、とりわけコピーライターとして生きていこうと決めていたので、生真面目にこんなふうにストイックに考えていました。その覚悟があったおかげで、この厳しい数年間を何とか乗り越えられたのだろうと思います。

それに、その数年間がただただ耐えるだけの時間だったら地獄だったと思いますが、私はその先輩の仕事の仕方を盗んで自分のものにしようとしていたので、身をすくめながらも光る眼で盗むものを密かに物色していました。

それでもキツかったですよ。キャッチフレーズを山のように書いて見てもらっても、一本あたり一秒かからないくらいのスピードでチェックして、最後にドサッと机に原稿用紙の束を投げ出し、「全部ダメ、お前の書くコピーはほんとつまらんな。感心するわ」と、うっすら笑いながら言われるわけです。

コピーには少なからず、その人の性格や、普段の考え方、大袈裟に言うと生き方が垣間見えてしまうことがあります。それがわかっていたので、コピーに対する叱責は自分という人間に対する否定のように感じてしまい、ダメージは大きかったですね。

この先輩も、前述した新人当時の親方と同じように、どこがダメで、もっとこうやって書いてみたら？　などというアドバイスはいっさいしてくれません。答えを自分で探すしかありません。

ある時、ヒントになった一言がありました。その日、またコピーを持っていくと、例によって原稿用紙の束ごと否定されたのですが、「お前な、電通のコピーライターみたいなコピーばっかり書いてんじゃねえよ」と吐き捨てるように言われました。いやいや、実際僕は電通のコピーライターですし、と頭の片隅で考えながら、お?と思いました。

当時のコピーの世界はフリーランスの人たちの時代で、広告会社のコピーライターはごく一部の人を除いて目立ってはいませんでした。クリエーティブという仕事が、営業やメディアの仕事と同じように、ひとつの流れの中に組み込まれていて、言ってみれば間違いのない無難な仕事ぶりの人が多かったように思えます。

彼の言っている、電通のコピーライターみたいなコピーばっかり書きやがって、という言葉はおそらくそれを指しているのだろうと思いました。お前のコピーで言ってることは正しいかもしれないが、とてもつまらない。もっとコピーに野心を持て。フリーランスの一流のコピーライターが書くような、スケールの大きな、キャンペーンをコピー一本で仕切るようなコピーを書かなきゃ、つまんねえだろこの仕事。

具体的にこう言われたわけではありませんが、まず間違いなく、そう言いたかったんだろうと思いました。電通か電通じゃないかは別にして、コピー一本でキャンペーンを仕切るようなコピーが書けたら、それはとても楽しいだろう。そう思ったところで、明日からすぐバンバン書けるわけではありませんが、コピーライターとしての自分の目標が明快になったことは、とても重要なことでした。

今まで自分のコピーが採用されることを目標にしていたので、正解のコピーがいいコピーと思っていました。このコピーはオリエンテーションにきちんと答えているのか、という視点です。

そこに、いいコピーとはキャンペーンを仕切れるコピーである、とちょっと乱暴ではありますが、新しい基準を持つことができました。それからは、この基準でコピーを書くようになりました。さらにありがたかったのは、自分のコピーを自分で読み返してみた時にいいか悪いか、判断しやすくなったことです。自分のコピーを自分で判断できるようになると、コピーの質が安定してきます。コピーのアベレージが、上がっていくのが自分でもわかりました。

考えてみれば、「イメージ」に教えられたことばかりでした

言葉って具体的なようで、抽象的ですよね。

「青信号」という言葉は一見、具体的ですが、それは物理的に道路に存在する青信号のことであり、それがひとたびススメという意味に翻訳された途端に、人格を帯び人を勇気づけたり、背中を押してくれたりする存在として抽象的なイメージをはらんできます。

先ほどの「キャンペーンを仕切るコピー」という私のコピーの判断基準になった言葉も、抽象的なイメージに満ちています。別にキャンペーンの中心になるコピーという言い方でも間違いではないですが、この「仕切る」という単語がとても重要でした。「キャンペーンの中心にあるコピー」というと、全てのメディアでキーフレーズとしていちばん目立つ場所に大きな級数でレイアウトされている物理的な状態を想像します。でも「キャンペーンを仕切るコピー」になると、アートディレクター、プランナー、

営業など、関わる人たちとの関係性みたいなものを含んでいるように思えます。

単に書くコピーの話ではなく、キャンペーンの中のコピーライターとしての心構えのようなものまでが、「仕切る」という言葉のイメージからうかがえます。つまり、ここで初めて自分の中に、言葉によるクリエーティブディレクションという考えが生まれたわけです。

当時、すぐにそのことに気がついたわけではありません、ただキャンペーンを仕切るコピーを書こうとしていくと、必然的にキャンペーン全体を考えるようになります。つまり、パーツとしてのコピーではなく骨格としてのコピーを志向するようになります。

それは、戦略部分にさかのぼって考えることでもありますし、ビジュアルの世界観を考えることでもあります。だから一気に視野が広がるわけです、たったひとことの「仕切る」という単語の持つイメージのおかげで。

その先輩のクリエーティブディレクターには、もうひとつ大切なことを教わりました。ある仕事の海外ロケ中、撮影も無事に終わり、リラックスしてホテルのバーにいると、その人がポツンと私に言いました。「クリエーティブディレクターとして、チームを率いているのだから、俺はみっともないものを作るわけにはいかないんだ」と。

その時は、ふーん、大変なんだなクリエーティブディレクターは、と人ごとのような感想しか持たなかったのですが、後になって「率いる」という言葉がどうも気になってしまいました。

「率いる」って、ずいぶん強烈な言葉を使うんだなあ、まるで騎兵隊の隊長みたいだなと思った時に、ああ、そういうことかと。突撃する騎兵隊の先頭にいるのは隊長だな、どの映画でもそうだった。つまりチームの先頭に常に立ち、いいものを作るために皆を鼓舞し、突撃する方向、つまり進むべき方向を明解に指し示す、ああ、クリエーティブディレクターって騎兵隊の隊長だったんだと、かなり乱暴に理解しました。すると、今までは漫然としていたクリエーティブディレクター像がぜん具体的になります。騎兵隊の隊長はみんなの前で悩んだりしないよな。そもそも陰々滅々とした騎兵隊の隊長なんていないよな。だから快活な態度でみんなと接しよう。

指示は明解じゃないといけないし、決断するのに時間がかかったら全滅しちゃうな、つまりクリエーティブディレクターって悩む仕事ではなく、短い時間でチームで進むべき道を指し示す、つまり決めることが仕事なんだと、自分なりの原則を理解できました。

具体的なイメージが自分の中にあると、目指すべき到達点がはっきりします。それがあるのとないのとでは、雲泥の差が生まれます。

考えてみると、今まで、いろいろな「イメージ」を言葉や行動にすることで育ってきました。高校時代に北海道の無垢な自然を言葉にするとどうなるかと無意識に考えてみたり、「電通のコピーライターみたいになるな」の一言から、もっと野心的なコピーライターになろうと決めたり。「コピーでキャンペーンを仕切る」という一言からは、言葉を武器にしてディレクションをしていこうと考えるようになり、「チームを率いる」という言葉で「クリエーティブディレクター騎兵隊の隊長論」にたどり着きました。

私は特に創造的な人間ではありません、何もないのに何かが閃《ひらめ》いたりするようなことはありません。ただある出来事があると、その本質は何なんだろうと想像力を働かせて中心に迫っていく姿勢だけは持ち続けてきたように思えます。

創造は天性のものかもしれませんが、想像はその気になれば誰にでもできることです。そうは言っても、闇雲に想像できるものでもありません、想像するということは思考するということの一形態だと思います。どんな手順で何を考えればいいのか、そういう習慣をつけるために何が大切なのか、そのあたりの話をそろそろしていきたいと思います。

3

言葉を磨くなら、広告のコピーを勉強するといい

私は電通時代にコピーゼミという社内のコピーライターのための講座をゼミ形式で行っていました。このゼミはビギナー向けのものではなく、東京コピーライターズクラブ（TCC）の新人賞を取ったくらいの実績、経験のある人たちを対象にしたものでした。それくらいの実力がある人たちなので、もうひとり立ちしていて、そろそろ下に新人のコピーライターがつく頃です。いわば、中堅どころでしょうか。

本来なら、もう放っておいてもいいところです。そんな時に、当時のクリエーティブ担当役員から相談がありました。今、クリエーティブのカバーする領域は飛躍的に拡大しています。デジタルのクリエーティブももちろんそうですが、新しいメディアが加わっただけではなく、企業活動の川上から参画して商品開発や店舗開発のお手伝いをしたり、新規事業のコンセプト開発やブランドビルドとそれのマネージメントなど、クリエーティブに求められる才能は非常に多岐にわたっています。

そのこと自体は時代の要請でもあり、歓迎すべきことなのですが、その役員の懸念は、クリエーティブの領域が広がることで、基本的なクリエーティブの表現能力である「言葉を作る力」、「ビジュアルを作る力」、「映像を作る力」が相対的に地盤沈下してしまうのではないかというものでした。その3つの力は、もともと電通の強みであったわけで、その力が希薄になるのは競争力という観点から見て危機なのではないかと考えていました。

そのうちの言葉を作る力の部分を「コピーゼミ」という形で引き受けることになりました。その時の話し合いで、新人の教育はクリエーティブの現場に任せて、私のゼミは中堅をターゲットにしました。

コピーライターの世界は、TCCの新人賞をとるとなんとなく一人前という雰囲気があります。電通にも新人賞をもらった人たちはたくさんいるのですが、その人たちのその後の成長がなんだか鈍いなあ、もったいないな、と私は感じていました。なので、どうせならと、私のゼミは経験者向けのものとさせてもらいました。ある程度キャリアのあるコピーライターを、もっといいコピーライターに磨き上げていく。そうすることが、この多岐にわたるクリエーティブ領域で彼らがもっと活躍することにつながるはずだ、と考えました。つまり言葉の力の全体的な底上げではなく、言葉を武器に、広汎になっていくクリエーティブの世界で戦っていける人材を、ピンポイントで育成することを目標としたのです。この本の中核はそのコピーゼミで話したことで構成されています。

もともと広告のコピーとは、人に好ましく思ってもらったり、その企業や商品のファンになってもらったり、最終的には、購入してもらうことを目的にしています。しかしながら難しいことに、広告に接した時の人々の意識は、うまいこと言っているけどホントか？　であったり、どうせ広告なんていいことしか言わないよねといった、どちらかといえば、アゲインストな心理が多いように思えます。

つまりハードルが高い中をかいくぐって、相手の懐に飛び込んで心を動かさなくてはいけないということです。そういう厳しい状況を前提とした広告コピーを修練していくことは、広告の仕事とは関係なく、日常の言葉の力を飛躍的に伸ばしてくれます。

コピーゼミが中級者以上をターゲットにしていたように、この本も、キャリアのある同業種の方が読んでもいいものになっています。さらに別に口下手でもなく、仕事のプレゼンテーションも普通にこなすことができる、そんな社会人の方がもう一つ上のレベルのコミュニケーション力を身につけるために読むのもいいかもしれませんね。

正しいコピーを書くだけなら、難しくはない。つまらないけど。

もしあなたがコピーライターなら、こんなコピーライターでないことを祈ります。

それは、単に企業や商品の代弁者にすぎないコピーライターです。

そういうコピーライターの書くコピーは、概ね正しいことが多いです。別に間違ってはいないけど、人の心を動かすことはない。つまり、オリエンテーションには応えているけれど、世の中の期待には応えていないということです。残念ながら、今あるコピーのほとんどがこのタイプです。

断っておきますが、オリエンテーションを無視して、自分の書きたいことを書けばいいと言うつもりはもちろんありません。言いたいのは、企業や商品の言いたいことだけをコピー化する代弁者になってはいけないということです。それでいいのならば、そのクライアントの中の、ちょっと気の利いた文章の書ける人が書けば、それで事足ります。

私たちコピーライターは、商品と生活者のインターフェースのような存在です。企業と世の中の境目に存在することに意味があります。ある時は世の中側に立って、その商品を眺めてみる。ある時は、商品の側に立って、世の中を眺めてみる。このコウモリのような中立性こそが、コピーライターの基本的な立ち位置です。

しかし、この中立性を維持するのは結構しんどいことも事実です。オリエンテーションシートにただただ忠実にコピーを書いていれば、それで採用してもらえるケースもたくさんあるからです。オリエンテーションのこの部分が盛り込まれていないのでマイナスねと、減点法で提案を評価するようなクライアントの仕事では、この中立性が仇となることも多々あります。余計なことしてくれるな、というわけです。

しかし、そうやってクライアントサイドだけに立って書かれたコピーが人の心を打つかと言われれば、ほぼそれは難しい。

なぜなら、そのコピーは企業の視点でしか書かれていないから、生活者には届かない。届かない時点で、クライアントの代弁にすぎないコピーは本来の機能を果たしていないコピーだということができます。

コピーを書くときに意識してほしいプロセスについてお話しします

広告のコピーも普段の文章と同じで、漫然と机に向かっていて書けるものではありません。いきなりキャッチフレーズが次から次へと思い浮かぶ、なんてことはないわけです。

私が電通でコピーゼミをすることになった時、今まで自分がどんなふうにコピーを書いてきたかをじっくり振り返ってみました。ほとんど無意識のうちに書いていましたが、それでも何か法則のようなものがあるはずだと、いわば暗黙知を形式知にしてみようとしたわけです。

すると、どうやら自分なりのコピーライティングのプロセスがあることに気がつきました。

こういうプロセスを知ると、言葉の精度が上がります。コピーでいうとクオリティのばらつきが少なくなります。何より、短い時間で当たりのコピーを書けるようになります。これは結構大切なことで、駆け出しのときのように、何日もかけて、あーでもないこーでもないと何本も何本もコピーを書くことがなくなります。

新人のときはコピーの１００本ノックをして、とにかく数を書くことでコピーを書くことの感覚を体で覚えることも大切ですが、中堅にもなって、それをやっているのもどうかと思います。その仕事にかかる時間が短くなるということは、その浮いた時間を他の仕事に回せるわけで、生産性という観点からも利点が多いのです。

コピーライティングのプロセスは、次の３つから成り立っています。

①設定 ↓ ②発見 ↓ ③定着

この順番にステップを踏んで書いていきます。

①イメージの到達点を設定する

このイメージの設定はとても大切なので、まずここでは概略を話し、この章の後半で具体的なやり方を書いていきます。

さて、コピーを書き始めるにあたり、最初にするのが「イメージの到達点」の設定です。イベントの日時や場所のように、情報が正確に伝わればいいインフォメーションと違い、広告のコピーは相手の気持ちを動かすことを最終的な目的にしています。つまり、インフォメーションではなくコミュニケーションだということです。相手の気持ちを動かすことが目的のコミュニケーションだとすると、対象になる企業や商品にどんなイメージを持ってもらうのが正解なのかを最初に設定した方が、効率的になります。

実はイメージってとても大切

ここで、イメージという言葉を使いましたが、私はコミュニケーションの目的とはイメージを伝えるものだと思っています。イメージというと、実体のないフワフワとした頼りない感じがしますよね。事実やファクトといった言葉の力強さに比べると、どうも上辺だけで、恣意的に作られた信用のできないもののように思えてしまいます。広告においても、イメージよりファクトを大切に扱う傾向は確かにあります。しかし、考えてみると、どんなに事実をベースにした広告を作っても生活者に伝わるのは、この広告は事実を伝えようとしている感じがするなというイメージでしかありません。例えば、企業の実際の研究者が出てきて、その会社の最新の研究の成果をアピールする広告があったとしても、伝わるのはどこまでいっても「ああ、この会社は進んだ技術があるんだな」、というイメージです。

広告において事実というものは、当事者だけが手にしているもので、それが第三者に伝えられるときには全てがイメージになってしまうと考えた方がいいのです。全ての広告はイメージ広告である、と言い切ってしまってもいいかもしれません。

ですから、私はイメージを決して軽く扱いません。その広告に接したときに、どんなイメージを生活者に持ってもらうのがその商品や企業にとっていちばん得なのか、それを最初に設定して仕事をしてきました。それが大切な理由は、繰り返しになりますが、人はコミュニケーションに接したときに、そこから伝わるイメージで共感したり反発したり、自分との関係性を判断するからです。

あえて「らしくない」イメージも

設定したイメージの到達点に向けて、コピーやビジュアルを開発していくと、目的地がはっきりしているので、ぶれたり迷ったりしなくなります。精度が上がり、かかる時間も短くなります。

言葉でイメージの到達点に迫れる方法は後ほど詳しく述べますが、ここで覚えておいてほしいのは、イメージの到達点を決めるにあたっては「らしく、らしくなく」を意識するということです。これは私がホンダの仕事をしていた時に、クライアントから教えてもらったことです。「ホンダらしく、ホンダらしくなく」という意味です。

らしく、というのはよくわかります。しかしらしくなく、というのはちょっと意外ですよね。しかし、「らしくなく」があるから進歩があるわけです。「らしく」の世界の中に閉じこもっていては新しいことは生まれない、という素晴らしい考え方です。

イメージの到達点を設定するにあたり、今回はらしくがいいのか、らしくなくが有効なのか、コミュニケーションのテーマによって判断します。例えば、銀行のコミュニケーションを考えるとすると、銀行らしく真面目で頼もしい感じの表現がいいのか、ここは銀行らしくなくちょっとお茶目な表現がいいのかを考えます。このらしくなくということが重要なのは、人間に置き換えてみるとよくわかります。真面目なことはいいことですが、真面目でしかない人が魅力的かというと、ちょっとつまらない人に思えてしまいます。

でも、真面目だと思っていた人が、意外とユーモアのある人だとわかると、がぜん魅力的に感じますよね。人間が魅力的なのは、その多面性や意外性にあるのだと思います。企業や商品も一つの人格を持った存在だと考えると、どこかで「らしくない」発信をする方が、好感度も上がるはずです。

人格を意識してイメージを設定する

ここでもうひとつ注意してほしいことがあります。イメージの設定をするときに曖昧なイメージを決めてしまうと何の意味もありません。例えば「信頼感のある」のようなボヤッとしたイメージ設定では、どんなコピーを書けばいいのか全くわからなくなります。しかし信頼感を「頑固」と言い換えて設定すると、どんなコピーやビジュアルを考えればいいのかが鮮明になりますよね。

同じように、「先進的な」のようなイメージを最初に設定してしまうと、後から苦労します。例えば「超理系」とか「新しいものがとにかく好き」というふうに翻訳して細分化してあげることが必要になります。「信頼感」や「先進的」では、設定するイメージとしては大雑把すぎて未成熟だということです。

人間の頭は結構堅いもので、なかなかイキイキとしたイメージの設定ができないものです。ついつい、社内文書を書くような無難な頭で考えてしまいがちになります。社内文書は、物事を正確に伝えることを目的にしたインフォメーションです。いわば、誰が読んでも間違えようのない、みんなに伝わる文章であるべきです。

私は、みんなに伝わる、イコールそれは誰にも「深く」伝わらない文章だと思っています。ファンになってもらったり、買ってもらったりするためには深く伝わることはとても大切です。

では、どうやって頭を切り替えて、イキイキとしたイメージの設定をすればいいのか。ヒントとしては、企業や商品を一人の人間だと考えて、どんな人柄だとチャーミングに思えるかから考えてみると案外すんなりできるようになります。考えてみれば当たり前です。人は人を好きになるのですから。その具体的な方法は、この章の後半で詳しく説明します。

② 文脈を発見する

ターゲットをこんな気持ちにさせようとイメージの到達点を設定したら、その目標に向かってコピーを書いていけばいいのですが、いったい何を書いたらそれが実現できるのか、その文脈を発見するプロセスが必要です。
しかし、その話をする前に話しておかなくてはいけないことがあります。

社会的にいくか、個人的にいくか

矛盾したことを言うようですが、コピーだけを考えていてもコピーは上達しません。最終的なイメージというものは、言葉だけで成り立つものではありません。言葉はとても大切なパーツではありますが、全てではありません。ビジュアルがあって、音楽があって、その最終的な発信の先にイメージがあります。そう考えると、言葉を考えるのと同時に、コミュニケーションの全体像のことも意識する必要があります。

全体を考えるということはクリエーティブディレクションの領域でもありますが、コピーライターにもこうしたクリエーティブディレクションの視点が大切です。言い換えれば、最初のステップであるイメージの設定が、ある「個人」をどんな気分にさせるのかを考えるプロセスだとすると、同時に考えておくべきなのは「世の中」にとってどういう意味を持たせるかです。

例えば、環境や子育て、健康といった社会的な意味合いが大きなテーマの場合は、視点を地域や国や世界のように、大きくして考えてみる。一方、極めて個人的な商品、例えば嗜好品やお菓子、飲料、ファッションなどの場合は、逆に視点をプライベートに振り切る。まるで、ある個人に向けて発信しているかのように表現する。

つまり、手がかりは、社会的なアプローチか、個人的なアプローチか、どちらが有効かを判断するということです。今話しているのは、原則の話です。プライベートな商品を地球レベルで語るというやり方をあえてとるのも、もちろんありです。

そうやって、コミュニケーション全体を俯瞰してからコピーを書くことで、そのコピーは必然的にコミュニケーション構造の中心を占めます。コピーライターの一つの醍醐味であるキャンペーンを仕切るコピーを書くためには、どうしても必要なことなのです。

といっても、あなたに具体的なビジュアルも考えてコピーを書いて、と言っているわけではありません。

大雑把にイメージしておきましょう

厳密に言語化する必要はないので、大まかにこんな感じのキャンペーンになればいいなと考えておきましょう。その際にヒントになるのが、最初に設定したイメージの到達点です。そのイメージを獲得するためにはどんな発信をしていったらいいのだろうとバックキャストして考えます。

例えば、イメージの到達点を「めちゃくちゃ仕事のできるシャープなイメージ」と設定したら、そのイメージを獲得するには、あまりごちゃごちゃ自分のことを声高に語るよりも、静かに語る表現のほうがかえってその企業の自信は伝わります。そこで、全体としては静謐《せいひつ》で清潔な感じのものにしたい、と考えます。ここから、コピーの物言いはもちろん、ビジュアルのトーン、タイポグラフィの方向性、映像の雰囲気などが自ずと決まってきます。

また、イメージの到達点が「なんていいやつ(会社)なんだ!」だとしたら、もしかして、口だけでいいことを言っても見透かされてしまうかもしれません。いいやつとしての実際の行動が必要です、例えば、社会貢献活動など。しかし、それを大真面目にやってしまうと、「なんていいやつなんだ」とは思われないので、とてもフランクでカジュアルな態度で社会貢献をやりましょう。その活動を表現にしていくことで、「いいやつ」は実現される可能性が高まります。

この例では、とてもカジュアルな態度で世の中の役に立つことをするキャンペーン、が事前にイメージしておくべき答えになります。単なる表現での解決ではなく、手段が社会貢献というアクティビティにまで広がってしまいました。その原因はイメージの設定にあります。「なんていいやつなんだ」というイメージ獲得を実現するためには、こういう表現の構造の方がいいと考えたからです。つまり、最初のプロセスであるイメージの設定がいかに大切かがおわかりいただけるかと思います。

こんなキャンペーンにしようと大まかな方針が決まったら、具体的なコピーを書く作業に入っていきます。

補集合にある文脈を発見する

今までのプロセスは企業サイドの視点で、こう思われたい、そのためにこんなキャンペーンにするのがいい、と考えてきました。しかし、この2つ目のプロセスではその企業なり商品をどんな文脈で語ると相手に届くのかを発見します。つまり、コミュニケーションの基本的な構造である、商品と生活者の補集合の部分を発見するということです。

このパートでの頭の使い方は、企業サイドではなく生活者に寄った視点で考えましょう。生活者に届けたいイメージを設定し、全体のコミュニケーションの構造を大まかに考えた後で、では実際どんな話をすればそれが達成できるのか考えるフェーズと言うことができます。

よく言われる「how to say（どう言うか）」と「what to say（何を言うか）」のうちの「what to say」がこれにあたります。この時に注意したいのが、「何を言うべきか」、のように企業サイドに立って考えないようにすることです。むしろ、何を言えば勝算があるかと、

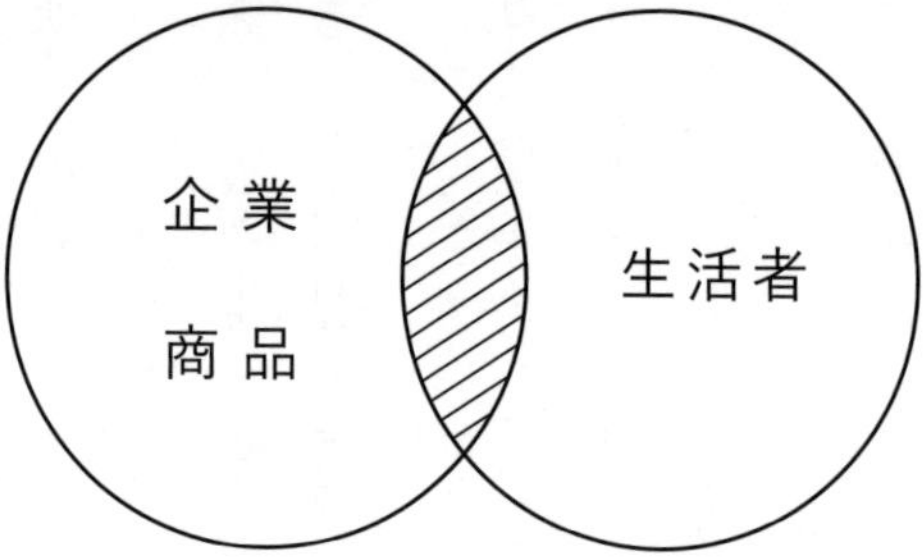
企業
商品
生活者

生活者のことを頭の中心に置いて考えるようにしましょう。

えてして「ベキ論」は届かない

例えば、企業が自分たちの環境保全などのCSR活動をテーマに広告を打つ場合、「このかけがえのない地球のために」のようなベキ論の文脈で話を展開するケースがよく見受けられます。それは確かに間違ってはいませんが、本当に生活者の心に届く文脈なのでしょうか。

普通の人間はいつもいつもかけがえのない地球のことを考えて生活しているわけではありません。いわば、公式見解としてはそうなんだけど、自分のこととして受け止めることができないということです。

例えば、かけがえのない地球ではなく、かけがえのない自分の子どもたちのために、と言われればどうでしょう。おそらく多くの人が自分のこととして受け止めてくれると思います。

つまり、この場合の文脈としては「私たちの子どもたちのために」の方が正解だということになります。なぜか人は言葉を考えるとき、よそ行きの頭で考えてしまいます。立場を意識してとか、仕事なのだから、という考えが前提になると生きた言葉はなかなか生まれてきません。よそ行きの前提を一度忘れて、一人の人間として考えるようにしましょう。

言い方を変えると、この2つ目のプロセスは、設定したイメージを獲得するための道筋を見つけるためのものと言えます。道筋が見つかったら、後は書くだけです。

③言葉として定着させる

実際のところ、コピーを物理的に書いている時間はそんなに長くはありません。プロセス全体で言うと20％くらいでしょうか。それ以外の80％は、どんなイメージを持ってもらうのが正解なのか、そしてそのためにはどんな文脈で語ればいいのかに時間を費やします。

しかしかける時間が短いからといって、この最後の定着が重要ではないかと言うと全くそういうことはありません。ここが未熟だと、イメージの到達点にたどり着くことができません。

必要なのは言葉の精度です。誤解している人が多いのですが、うまい言い回し、つまりレトリックの巧みさはそんなに重要ではありません。レトリックより、一つひとつの言葉の選び方の方が重要です。本当に優れたレトリックは別にして、半端な修辞はかえってそれに目が行ったり、鼻についたりして邪魔になることが多いものです。むしろ、単語の選び方、文末をどうするのかに細心の注意を払わなくてはいけません。

とはいっても、人格を意識したイメージの設定がきちんとできていれば、大きく外れることはないはずです。知的で優しい人格を目指しているのに、乱暴な言い回しや、文末を「だ」「である」で終わらせることもあまり考えられません。単語にしても、知的で優しい人がこの単語は使わないだろうと、おおよそのところわかるはずです。

レトリックより単語の精度

単語については、同じ意味を持つ単語でもニュアンスの違いから与える印象が異なる場合があるので、そこには注意しましょう。

わかりやすい例でいえば、「旅」なのか「旅行」なのか。「父」なのか「父親」なのか。「生活する」のか「暮らす」のか。どれも意味は同じですが、ちょっとずつニュアンスが違います。「旅」は精神性を感じるが、「旅行」は移動のニュアンスが強い。「父」は個人的だけど、「父親」は立場のウエイトが大きい。「生活」するにはお金が必要だが、「暮らす」は気持ちの充実を求めている。こういうちょっとしたニュアンスの違いを繊細に読み取って、言葉を使い分けていくことが必要です。ここがアバウトだとイメージの到達点にきっちりとたどり着くことが難しくなります。

言葉のニュアンスについては普段から意識して言葉に向き合うしかありません。自分で書くちょっとした文章、それこそメールや報告書の類でも、どの単語を選ぶのかに注意を払ってみてください。それをしているうちに、自然とできるようになります。

言葉に対する精査と実際にどうコピーを発想するかは、使う頭が実は少し違うので、方法論としてのコピーライティングについては、次の章で話したいと思います。

さて、こうやって最終的なコピーが書けたら、最後にチェックすべきことがあります。それはプロセス①で設定したイメージに、ちゃんとこのコピーは読み手を連れていってくれるものになっているかどうかのチェックです。到達できていれば、あとは自信を持ってプレゼンするばかりです。

このプロセス、コピー以外にも使えます

ここまでざっと、コピーを書くプロセスを述べてきましたが、どのプロセスでもコミュニケーションする相手の気持ちを想像することから始まっています。

どんなイメージに到達すれば、商品や企業にとってベストなのかと想像する。そのための生活者と商品の接点はどこか想像する。そして、どの言葉を使えば正確に伝わるか、言葉のニュアンスの違いまで想像してコピーを書く。この本の最初で述べた、「創

造力より想像力が大切である」とはこのことなのです。

そして、ここでお話ししてきたことは、コピーライティングに限らず、広い意味のコミュニケーションを組み立てる際に役に立つものだと考えています。広い意味と言ったのは、例えばイベントを企画するときにも、そのイベントで来場してくれた人たちにどんな気持ちになってもらいたいのかを設定して、イベントの中身やネーミングなどを考えていく。商品開発でも、その商品のもたらすイメージを設定してから中身を詰めていく。イベントも商品開発も、人の気持ちを動かすという意味では、広告のコピーと同じコミュニケーションの一つだと言うことができます。

この章で今まで書いてきたことは概略です。

ここからは、最も大切なプロセスである、イメージの到達点をどう言葉で設定するかを、具体的に話していきます。

イメージの設定とコピーの人格

先ほど話したように、イメージは言葉だけで作られるものではありません。音楽や映像の力などトータルな表現物から伝わってくるものです。しかし、イメージを強く意識した文章の書き方はあります。その方法について書いていきます。

企業や商品を一人の人間と捉えてみると、イキイキとしたイメージ設定ができてファンになってもらいやすくなるという話をしました。コピーに人格を持たせるやり方は、イメージの到達点にたどり着くための近道です。

ここで言う人格は、目指すべきイメージとほぼ同一なものになります。つまり、設定したイメージと同じ人格でコピーを書いていけばいいわけです。

そしてコピーの人格によってコピーの書き方は変わってきます。その人格を与えられたコピーにはそれぞれ独自の効果があり、もちろん例外もあるのですが、そのコピーにふさわしい業界や商品が存在します。

コピーの人格その1

知的で大人なコピー

↓

こういう人格をコピーに持たせたとします。知的で大人なイメージで見てもらいたい商品や企業、例えばオーディオや旅、お酒や住宅など趣味性、精神性が高く、比較的高価な物の場合に有効なコピーの人格です。

恋は、遠い日の花火ではない。

（サントリーニューオールド・1994年）

20歳までに、僕はいくつ河を渡るだろうか。

（パイオニアランナウエイ・1980年）

その先の日本へ。

（JR東日本・1994年）

書きながら思いましたが、人格を感じるコピーは結構昔のコピーが多いですね。偶然なのか、あるいは現在の広告コピーの置かれている状況を物語っているのかもしれません。今のコピーは、コピー↓行動が即座に求められていて、コピー↓感情の変化のようなステップを踏むことが悠長だと考えられているように思えます。ファンを作るという意味では、感情に訴える過程は大切だと思うのですが、どうもそこがおざなりにされがちです。この後も例として挙げるコピーは今のものが少ないと思いますが、そういう理由があるとご容赦ください。

ちょっと横道にそれました。さて、この知的で大人なコピーがもたらす効果とはどんなものでしょう。つまり知的な大人なコピーを読んだときにどんな感情が芽生えるかを想像してみましょう。

納得と憧憬

私がこのタイプのコピーに接した時に感じるのは、まさにそうだよなあという深い納得と、コピーが言っていることへの憧れです。人生経験を積んだ大人の落ち着いた語り口と内容がそうさせるのだと思います。

先ほど、知的で大人なコピーには、比較的高額で趣味性、精神性の高い商品、例えば旅やお酒、オーディオなどが向いているとお伝えしました。つまりこれらの商品には納得と憧憬が有効なわけです。こうした商品に向き合う時には、コピーの内容に深く頷《うなず》き、憧れてもらうように、知的で大人な人格を持ったコピーを書くことから始めてみてください。

ここで挙げた納得と憧憬は、このタイプのコピーがもたらす効果ですが、言い方を変えると共感の一種だと考えることもできます。

この章の最初にイメージの到達点を「信頼感のある」のような大雑把な言葉で設定してしまうと目指すべき指針にならないと話しましたが、この共感という言葉も曲者です。つい私たちは「生活者の共感を得る」という言い方でその仕事の最終目的を決めがちですが、本来はどんな共感を目指すのかを考えるべきだと思います。共感にもいろいろな共感があることを知っておいた方がいいということです。

私たちが何気なく普段の仕事で便利に使っている「信頼感」や「共感」の類の言葉、汎用的で広汎な意味をカバーする言葉は、コピーを書く際には細分化していく作業を忘れてはいけません。広汎なまま使っていたのでは、人に対してあなたは人です、と言っているのと同じこと、何も規定していないことになってしまいます。

コピーの人格その2

胸ぐらをつかむコピー

↓

いきなり横っ面を引っぱたかれたような衝撃を与えてくるコピーです。とても無視するわけにはいかない強さと強引さがあります。この手のコピーは特に決まったジャンルの商品に向いているということはなく、むしろ決まり切った既成概念をひっくり返すときに必要になる人格のコピーだと思います。

私たちの製品は、公害と、騒音と、廃棄物を生みだしています。
（ボルボ・カーズ・ジャパン・１９９０年）

拳骨で読め。乳房で読め。
（新潮文庫・１９８６年）

日本人にもっと毒を。
（宝島社・２００８年）

既成概念をひっくり返すというのは、コピーを書くときの手法の一つです。自分が今まで思い込んでいた常識が一気にひっくり返されるのですから、読み手としてはびっくりしますよね。当然、強く印象に残るわけです。この人格を持ったコピーがもたらす効果はなんでしょう。

覚醒と成長

ガツンとやられて目が醒めて、確かにそうだなと新しい視点を持てるようになる。胸ぐらをつかむコピーには、こんな効果があります。このタイプのコピーで本当によいものは、既成概念をただ壊すだけではなくて、その後にしっかりと新しい価値を植えつけていきます。

こういうコピーを書くときは、果たして、新しい視点をちゃんと提示できているかを検証した方がいいと思います。得てしてありがちなのは、ぶっ壊す快感だけでコピーライターが満足しているケースです。それでは、未完成です。

そう考えると、社会的なテーマにつながる商品の方が向いているコピーの人格かもしれません。例に挙げた、ボルボの新聞広告は衝撃的でした。クルマは便利でカッコの良いものという今までの常識をひっくり返し、どうせ広告は都合のいいことしか言わないのだろうという常識をもひっくり返しているのですから。この広告を見たのは私がまだ若いときでしたが、広告ってジャーナリズムなんだな、コピーライターという仕事に就いてよかったなと思ったことを覚えています。

嗜好性の強い個人的な商品の、個人的な既成概念をひっくり返すことに大した意味はありません。どうせひっくり返すなら、クルマメーカーの責任とか、人類の知的資源である本に向き合う態度とか、なんとなく停滞している感のある国民性とか、大きな既成概念を、ですね。

コピーの人格その3

威風堂々としたコピー

↓

視座が高く、構えが大きい。

細かい差異を表現するのではなく、本質的な価値を堂々と述べているコピーです。本質的な価値をコピーにしているので、生活者と心の深いところで握手できます。その結果、ちょっとやそっとのことでは、その商品から心が離れることがなくなります。いわゆるブランディングに大きく貢献できるのも、このタイプのコピーの特徴です。

地図に残る仕事。

（大成建設・1992年）

なにも足さない。
なにも引かない。

（サントリー ピュアモルトウイスキー山崎・1989年）

想像力と数百円

（新潮文庫・１９８４年）

「地図に残る仕事。」は、自分たちの仕事のスケールの大きさを堂々とコピーにしています。若い人にとっては、どうせ仕事をやるならそんな仕事をやりたいなと目標になったり、社内の人は自分たちの仕事に誇りを持てたり。長年にわたり、この会社にとってこのコピーの功績は計り知れないものがあると思います。

そのもたらす感情を想像してみましょう。

↓

賛同と尊敬

これらのコピーは、基本的に生活者ではなく企業が自分の話をしています。その分だけ、読む人は自分のこととして受け止めるのが難しいので、下手をすると生活者とは全く関係のないコピーになってしまうことが多いです。このタイプのコピーが通用するのは、商品にしっかりとした自信と信念が存在する時だと思います。そのかわり、いいコピーができると長い期間にわたりその商品の価値を支え続けるものになります。

威風堂々としたコピーに対して生まれるのは、深い賛同と、そのバックボーンになっている自信や信念に対する尊敬です。

「なにも足さない。なにも引かない。」。このコピーは単にピュアな物作りの話をしているのではなく、人間の小賢しい知恵や技術の及ばない、自然のあるがままの偉大さに対する賛同と、そのことを知っている企業に対する尊敬を生み出しています。

「想像力と数百円」。このコピーも、想像力という人類の宝物をたった数百円で提供している、という自分たちの仕事の価値に対する自負を強く感じるコピーです。そういう意味では、「地図に残る仕事。」と負けないくらいスケールの大きな堂々としたコピーだと思います。

コピーの人格その4

優しいコピー

ただ単に口調が優しいということではありません。コピーを書く眼差しが優しいコピーを、優しい人格のコピーと呼びたいと思います。

こういうコピーは派手ではありません。一見、弱いコピーなのではないかと勘違いしてしまう人もいます。しかし、決してそんなことはないのです。

年賀状は、贈り物だと思う。

（郵便事業・2007年）

モノより思い出。

（日産自動車 セレナ・2000年）

さくさくさく、ぱちん。

（国際羊毛事務局・1974年）

このタイプのコピーがふさわしいのは、身の回りにあるある意味当たり前な商品。そういう慣れっこになってしまっている商品に、新しい風を吹き込むことができます。年賀状という日本の良き風物が失われつつあることに対して、声を荒げるでもなく、贈り物だと思う、と静かにつぶやく。この優しい人格がどんな効果をもたらしてくれるのか想像してみましょう。

↓

浸透と確信

先ほど述べたように、このタイプのコピーは、これみよがしな自己主張があるわけではありません。どちらかというと静かな語り口のものが多いです。なので、一発で殴られたような衝撃を与えるのではなく、じわじわと読み手の気持ちの中に浸透していきます。浸透したコピーはやがて、確かにそうなのだという確信に変わります。

その確信はとても意志の強いものですから、優しいコピーは、実はとても強いコピーに化ける可能性があるということです。あなたの周囲にも、決して多弁ではなくいつも穏やかなのだけど、一言一言に説得力がある人がいると思います。そういう人の言葉はゆっくりとあなたの中に入ってきて、心の底からそうだよなあ、というような確信に変わったりしませんか？　この優しいコピーで目指すのはそういう人格です。

このタイプのコピーが、ただ弱いコピーで終わるのか、強い確信をもたらすコピーになるのかの境目は、本質を語っているかどうかです。枝葉末節《しようまっせつ》に確信を持つ人はいません。本質を穏やかに語られると、人は耳をそばだてるものです。北風と太陽みたいなものです。

本質を強く言葉にするのか、本質を静かに語るのか、それを決めるのはコピーライターの役目です。どんな商品なのか、新発売なのか、ロングセラーなのか、ターゲットはどんな人たちなのか、そういったことをベースに、どちらが最適なのかを想像するのです。

優しい人格のコピーに限らず、コピーライターは、この商品や広告のテーマの本質は何かということを常に考えるマインドセットを持っているべきだと思います。大抵の仕事には余計な情報がごちゃごちゃとくっついてきます。その余計なものを削ぎ落とし削ぎ落とし、最後に残るいちばん大切なものを探し出すのです。それらのことはもちろん頭の中で行われるわけですから、それは思考する行為と言ってもいいでしょうが、ただ単に考えても答えは見つかりません。わたしは、思考の一形態である想像するという習慣をコピーライターは身につける必要があると考えています。

「モノより思い出。」は、親が子どもに残せるものの本質を、家族のための乗り物であるミニバンのコピーにしました。だよなあと強い確信を生み出すコピーです。

「さくさくさく、ぱちん。」。このコピーは個人的に本当にすごいコピーだなと思っているのですが、ウールという素材の本質、つまり品質を言葉ではなく音で表現していきます。静かな部屋の中で、大きな裁ち鋏《たちばさみ》でウールを切っていく。それを観察しているコピーライターの優しい目線。

これは大人の仕事ですね。

コピーの人格その5

いいやつなコピー

↓

いい人ではありません、いいやつです。

なんか、お前いいやつだなあ、と思わず肩を叩きたくなるような人格のコピーです。そういう人格ですから、年に数回しか会わないような商品よりは、日常的に接しているものの方が、この人格のコピーには適していると言えます。わりと気楽な商品のコピーに向いているため、物の本質とか難しい話ではなく、商品の周囲にある気分だったり、それを使っているユーザーの気持ちを代弁するコピーが多いように思えます。威風堂々としたコピーがクライアント側の視点から書かれることが多いのとは対照的です。

男ですいません。

（日本コカ・コーラ ジョージア・2011年）

近道なんか、なかったぜ。
（サントリーオールド・1988年）

このろくでもない、すばらしき世界
（サントリーBOSS・2007年）

このままじゃ、私、可愛いだけだ。
（朝日新聞社・2004年）

どの人格のコピーも例として3本挙げようと思っていましたが、ここだけ4本になりました。このタイプのコピーって男向けなんじゃない？　と思われるかもしれないと、4本目に朝日新聞のコピーをチョイスしました。

理屈ではなく、スルッと懐に入り込んでくるのがいいやつなコピーの特徴です。この愛すべきいいやつがもたらす共感の種類はどんなものでしょう。

↓

友情と連帯

その商品そのものであったり、その商品を使っているユーザーであったり、対象は様々ですが、この手のコピーに接した人たちは、友情に近い感情を抱きます。そして、その商品を取り巻くグループとの連帯感を感じるようになります。

商品や企業に対して憧れや尊敬を持ってファンになるというブランディングもありますが、連帯感を持つということは、目線が同じということで、これって、かなり強固なブランディングだと思います。

このいいやつなコピーは一見、無造作に編み出されたコピーのように思えますが、成功しているコピーはかなり綿密に計算されていると思います。実はこの手のコピーが言葉選びに最も神経を使うかもしれません。

それは気分を表現することが多いからです。本質のようなゴリッとしたものを表現する場合、核心だけがぶれないように言語化されていれば、多少言葉が雑でも人の気持ちを突破していけるのですが、気分の場合はそうはいきません。

どんな単語を選ぶか、文体はどうするか、そこも大切なのですが、そもそもコピーを発するいいやつはどんなタイプのいいやつなのか、想像することが大切になります。親分肌なやつなのか、ちょっと気の弱いやつの方がしみじみいいやつだと思えるのか、そのあたりを細かく設定する必要があります。話し言葉にするのがいちばん簡単にその人格を表現できるやり方ですが、サントリーのBOSSのようなやり方もあります。

先ほど、いいやつなコピーは男だけのものではないという証しとして、朝日新聞のコピーを入れたという話をしました。同じように友情と連帯を感じるのは、若い人がターゲットのものに限られるのではと思われたかもしれません。しかし、この「ろくでもない、すばらしき世界」や、「近道なんか、なかったぜ。」などは、大人が読んでも、いやむしろ大人の方が、友情と連帯を感じるコピーだと思います。

コピーの人格は他にもあるはずです。そして、最初から決まったものがあるわけではありません。

ここに挙げた5つの人格は、わたしがざっと考えて、自分なりに分類したものです。おおよそのところはカバーしているので、とりあえず、この5つの人格で書いてみて、そののちに他にもコピーの人格があるのではないかと想像・研究することをお勧めします。そうやって自分なりの人格を発見していくことは、あなたのコピーに、誰も真似できないオリジナリティを加えることになります。

この章で今まで書いてきたことは、コピーを書いていくプロセスのうち、コピーの根っこになる部分の話です。

まだ、原稿用紙には具体的なコピーは一本も書かれてはいません。しかしこの根っこにあたる部分がしっかり考えられていると、イキイキと人の心に届く、いいコピーの書ける確率は上がります。そして結局は短い時間で書けるようになります。

プロセスの3番目、具体的なコピーの定着については純粋な技術論になります。これは次の章で書いていきたいと思います。

4

コピーライティングの技術

第3章ではコピーを書くプロセスの話をしてきました。最初にイメージの到達点を設定して、次にそれを実現させるための文脈を発見する。そして最後に具体的な言葉で定着させるというプロセスの話でした。

イメージの設定を行う場合、コピーの人格を決めて書いていくのが到達地点にたどり着く近道だということも話しました。この章では3番目のプロセスである、実際にコピーを書く時に使える具体的な技術の話をしたいと思います。

コピーの書き方は人それぞれです。おそらくちょっとキャリアのあるコピーライターなら自分なりの書き方を持っていると思います。ここで話すコピーの法則は、コピーの人格を投影しやすい書き方です。つまりイメージの定着を最終目的にした場合に、覚えておいて損はないやり方を紹介しようと思います。

どうコピーを書くのかとは、別の言い方をするとどうコピーを発想するのかと同じです。コピーの手がかりを見つけていく、その発想のヒントをお話しします。

わりとポピュラーなやり方です。

①異物との結合

本来その商品を語る時には使わないジャンルの言葉や言い回しをあえて持ってきて、コピーにするという書き方です。

耳慣れた言い回しが、予想外の商品と結びつくわけですから、当然ですが異物感が生まれます。しかしその異物感が新鮮な面白さを生み出すというわけです。もともと伝えたかった内容が、引用元の言い回しを持って広告商品に想定外の角度で重なってくるので、不思議な説得力を持ちます。

結合させる異物はなるべく縁遠いもの同士がいいでしょう。距離が遠ければ遠いほど、意外な面白みが出てきます。

商品の性質や引用した慣用的な言い回しによって、ある時はとぼけた味のいいやつな人格を感じたり、ある時は含蓄ある大人な人格を感じたりします。前者の代表的なコピーは、残念ながら閉園してしまった、としまえんの「プール冷えてます」だと思います。

プール冷えてます
（としまえん・1986年）

ラムネ冷えてます、と商店の軒先でよく見かけた文句を夏のプールと結合させてみる。共通点はお互い液体というだけですが、夏の照りつける太陽の下で飲む冷えたサイダーやラムネ、そのシズルごとプールに移植できているところがこのコピーの偉大さだと思います。

引用元の言い回しの効果が広告商品に重なってくるとはこういうことです。そしてこのとぼけた感じが、クスクス笑いながら肩を叩きたくなるようないいやつ感を醸し出しているように思えます。ユーモアは人の心のバリアを溶かす効果があります。その結果として、友人と話しているような近さを商品に感じるのです。

このいいやつな人格のコピーとは全く異なる、知的で大人なコピーも、異物との結合によって生み出すことができます。

メカニズムはロマンスだ。

（キヤノンA－1・1978年）

まず、メカニズムという言葉と、ロマンスという言葉はかなり縁遠い意味を持つ言葉です。そして2つの単語自体にはある種の正統感を感じます。特にロマンスという言葉にはノスタルジーを感じます。今、普通に使うことは少ない言葉です。そういう意味ではますます、2つの言葉の距離は離れたものになっていると言うことができます。

メカニズムという言葉は、理系の機械工学的な、つまり情緒ではなく計算式と実験の末に生まれた、論理だけを成分にして生まれてきた言葉です。かたやロマンスは、文学部的な、郷愁を誘う言葉で、そこには科学の匂いはひとかけらもなく、情緒だけを成分にしています。

その2つの言葉を同じであると言い切る異物感。冷徹な科学の中に、恋愛に似た胸の高鳴りを感じるという、駆け出しの研究者では到達できない大人の熟成感に、読む人は敬意と憧れを抱きます。このコピーなどはまさに、異物との結合によって、知的で大人な人格を獲得している例だといえます。

人生は、よくかんで。

(日本生命・1990年)

普通、よく噛まなくちゃいけないのは食べ物です。テレビを夢中で見ながら食べていたり、空腹のあまりに食事をすごい勢いで掻き込んでいるときに、親から注意されるわけです。食事をよく噛んでほしいという親の願いには、栄養を余さず取り込んで成長してほしいという身体的なことのほかに、落ち着いて、よく味わって食べなさいという精神的なものが混ざっています。

このコピーも、人生という大仰なテーマに、日々の食卓というささやかな場面で使われる慣用句を持ち込んでいます。よく噛んで人生の栄養をたっぷりと取り込んでください。そして、よく噛んで、この人生という厄介なものをじっくりと味わって生きてくださいという具合に、元の慣用句の意味を載せ替えているわけです。

このコピーも知的かどうかは別にして、生きるということの意味を知っている熟練した大人な人格を感じるものになっていると思います。

ここで、ちょっとしたアドバイスなのですが、人生のような重たくて大きくて気恥ずかしい言葉を使うときには注意が必要です。考えもなしに中途半端に使ってしまうと、この言葉の持つ大きさにコピーの趣旨がついていけずにどうにも不様なことになってしまいます。なので、このコピーにあるように、日常のありふれた風景の中に置いてみたり、あえて軽々しく笑い飛ばしてみたり、いずれにせよ極端な態度で扱った方が勝算が出てきます。

人生のほかに、愛などという永遠のテーマのような気恥ずかしい言葉も、コピーにするときは同じような注意が必要です。

②元素分解してみる

元素分解とは、言い方を変えると、とことん単純化する書き方と言ってもいいと思います。大抵の仕事はいろいろな要素が絡み合って複雑です。オリエンテーションでも、まずはこれを言ってほしい、その次に大切なのはこれで、できればこのことも伝えたいとか、アピールしたいことが山盛りになっていたりすることがしょっちゅうです。そのたくさんの言いたいことを等分にコピーにするのは不可能です。そこで、言わなくてはいけないことをどんどん整理分解していきます。

その結果、結局その商品は何をアピールしたいのかがだんだん絞られてきます。そして最後に残ったものが、その商品のエッセンスになり、コピーライターはそれをコピーにしていくということです。

「要はこういうことですよね」をコピー化すると言ったら、わかりやすいかもしれませんね。

美と力。

（ホンダ オデッセイ・２０１３年）

クルマの開発というものには、莫大なお金と膨大な時間がかかります。故に開発者の人たちの想いも、強く深いものになっていきます。

新しいクルマのディテールに、たくさんの改良点が加えられ、その一つひとつに想いが込められています。しかし、その全てをキャッチフレーズに入れ込むことは当然ですが不可能です。詳細なオリエンシートを前にして、要はこのクルマはデザインが美しく磨き上げられて、走行性能が格段にあがって、パワフルになったのだなと、理解します。

美しくなって、力強くなった。

それではコピーとしては全く機能しませんが、「美」という元素と「力」という元素まで分解して提示すると、それはコピーになります。

元素にまで分解していくということは、普遍性を持つということに等しく、より多くの人にその価値が深く伝わるようになります。クルマのディテールについてはわからなくても、美しさと、強さという対立しがちな概念の同居に関しては興味を惹かれます。

こうして元素分解されたコピーがまとう人格は、えてして大人で知的な人格が多いように思えます。複雑なものを普遍性の高いものに分解していくという思考の形式自体が概念的であり、大人が好むところなのかもしれません。

セダン愛。

（ホンダ アコード・2013年）

ホンダのキャッチフレーズが続いてしまいました。最初の「美と力。」はオデッセイ、家族で乗るミニバンですが、男性をターゲットにしたコピーでした。この「セダン愛。」はアコード。これも男性をターゲットにしています。こういうある程度年齢のいった男性がターゲットの高額な商品には、元素分解したコピーが有効です。

このアコードはセダンです。今の日本においてセダンはそんなに人気のあるカテゴリーではありません。ホンダの中でも、セダンは正直言って主力のカテゴリーではありません。そういった中、オリエンテーションでは、クルマの原型とも言えるセダンに対するメーカーの想いが強く語られました。一方、生活者を見てみると、一定数のセダン愛好者が存在しています。ＳＵＶが流行しようが、ミニバンが流行ろうが、ずっとセダンに乗り続けているお客さまです。そしてそれは、圧倒的に男性に多い。そういったお客さまがセダンに乗り続けている理由は様々です。

昔から乗っていて愛着があるから。落ち着いた雰囲気が好き。走りが安定している気がする。しかしその様々な理由を分解していくと、要はセダンというクルマに対する愛情で選んでいるということに行き着きます。かたやメーカーも、主力とは言えないセダンに膨大な開発費を投じて世の中に送り出そうとしている。言ってみれば、これもクルマの基本型であるセダンへのメーカーの愛情だと言えます。

何度かお話ししているコミュニケーションの補集合部分がセダンへの愛情であることが発見されたわけです。しかし、愛情という言葉はまだ元素化されていません。個人的な経験に帰属するのが愛情で、元素というにはまだまだ純度が高くありません。

純度を高め、より普遍性を高めていったものが、「セダン愛。」です。人類愛や、家族愛と同じような普遍性を、コピーライターはセダンに対する愛情に持たせようとしました。

実は選ぶべきコピーの人格はターゲットの人格そのものであることが多い

このように実例を挙げていくとわかりやすいのですが、コピーの人格はターゲットの人格そのものであることがとても多いです。考えてみれば当然で、ターゲットと同じ人格で書いた方が、そのコピーは相手に届きやすく、心も動きやすくなるわけです。なので、コピーを書くときにターゲットの人格でまずはコピーを書いてみることをお勧めします。

この元素分解する書き方で生まれるコピーは、一見乱暴なコピーに見えますが、単純化していく過程で文字数も少なくなり、短くて強いコピーになることが多いです。元素分解していくということは、本質だけをコピー化していることになるので、大きなキャンペーンを引っ張っていくことができます。逆に小さなスペースなのにこの書き方をすると、しっくりこないことが多いです。言ってみれば元素分解は、大きめの仕事の時に試してみたい書き方だと思います。

③ 誰かになって書いてみる

まずは、ターゲットの人格でコピーを書いてみるといいと前のページで書きました。想像力が何より大切だという話も何度かしました。しかし、どうやって想像力を働かせればいいのか、いまひとつわからないという人はたくさんいます。

この3番目の技術、「誰かになって書いてみる」には、2つのメリットがあります。ひとつ目は人格を持ったコピーの最も簡単な書き方であるということ。もうひとつは自ずと切り口の違うコピーが書けるということです。

多くのコピーライターが、若い時に先輩から「君の書いているコピーはみんな同じだ、ひとつのコピーを違う言い方で書いているだけじゃないか、もっといろいろな切り口で書いてみなさい」と指導されたことがあるのではないでしょうか。私も何度も言われました。そして案外この違う切り口で書くというのが難しかった記憶がありま す。この誰かになって書いてみるという書き方は、強制的に視点を変えて書くことです。視点が変わるということは、違う見方で商品を見ることになるので、自然と異なる切り口でコピーを書くことになります。

つまり、このやり方はコピーに人格を持たせる最も簡単な方法であるのと同時に、切り口の違うコピーを書くための効果的な方法でもあるのです。そもそも視点を変えてコピーを書くことはコピーライティングの基礎的な技術です。その視点の変え方は、具体的な誰かを頭の中に設定することで、格段にやりやすくなります。

さて、誰になって書いてみましょうか。

(A)私はユーザーの一人である。しかも初めてこの商品を使ってみたユーザーである。

ここで大切なのはなるべく「具体的な誰か」になってみることです。間違っても単にユーザーになって書いてみるなどのように雑な設定をしてはいけません。この場合は、初めてこの商品を使ってみたユーザーである、というところが大切です。ここを、「昔からこの商品のファンであるユーザーである」とすれば、また違う視点のコピーが生まれます。

ユーザーの視点で書くというのは、おそらく日常で普通にやっていることだと思うのですが、どんなユーザーの視点で書くかを決めることで、視点は無限に誕生します。

このときあまり平凡なユーザーになって書いてしまうと、コピーの伸びが不足してきます。「この商品に興味がないことはないのだが、少し疑いの目で見ているユーザー」のように、ちょっとネガティブな像を想像して書いてみた方が鋭いコピーが生まれたりするものです。

(B) 私はその商品の開発責任者である。情熱を込めてこの商品を作った。

ユーザーになって書いてみたら、次は企業側の誰かになって書いてみます。この時も広告担当や営業など売ることがメインの目的になっている人より、開発責任者のように自分の想いがストレートに商品に生きている人になって書いてみた方がいいでしょう。そうでなければ、新入社員やその会社を就職の第一希望にしている大学生など、ちょっと違う角度から商品を語れる人になって書いてみるのも面白いかもしれません。ともかく、コピーに人格を持たせるためには、その人格を細かく設定して書かなければいけません。

(C)私はその企業そのものである。

これは少し難解かもしれません。企業のようにもともと人格を感じない組織体になって書くためには、その企業を一人の人間として考えなくてはいけません。ホンダなら「ホンダ君」、ソニーなら「ソニー君」、ワコールなら「ワコールさん」、日本航空なら「J

ＡＬ氏」。この社名の後につく、君や氏なども大切です。その企業が世の中からどんなふうに見られているかによって、この敬称も変わってきます。

その「企業という人間」ならどんなことを言いたいのだろうと想像します。前出の開発責任者でなければ言えないこと、企業という人間でなくては言えないこと、同じ企業サイドから語るにしてもここには大きな違いが存在します。

例えば、その会社の社会的な意義を語るとしたら、おそらく個人では語りきれません。たとえ社長であっても個人で語れることには限界があります。そこは、企業君なり企業氏が語るべきです。今でも企業が主体になって書かれているコピーはたくさんあります。ただそこに人格が感じられないため、生活者に届かなくなっている。とても素敵で有意義なことをやっているのに、その魅力が伝わっていない、本当にもったいないことです。

そうならないために、ぜひ企業の人格を細かく設定してみてください。どんな人なんだろう。クールなのか？ 熱い人なのか？ 若々しいのか？ それとも落ち着いて思慮深いのか？ この作業をやるのとサボるのとでは、あなたの書くコピーの説得力に天と地ほどの差が生まれます。

（D）私は客観的な観察者である。

もしかしたら通りすがりの犬や猫かもしれない。顧客や企業の人、というステークホルダーの視点で書くのはオーソドックスなやり方ですが、それだけではコピーの可能性が広がりません。完全に中立の立場の視点で書いてみることも試してみてください。

実用というより実験的なコピーが生まれるかもしれませんが、そういった実験を面白がる気質は表現に関わる人間にとって、最も重要な素養だと思います。

客観的な観察者といっても、それだけでは抽象的すぎて書きようがありません。通りすがりの犬や天井に留まっているハエでも構いません。そういった具体的な視点を設定した方がいいでしょう。私は人間で、犬や虫だったことはないのですが、何かを想像するとはこういうことです。

当たり前のことですが、犬が実際にどう思うかは関係ありませんし、犬の言葉で書くということでもありません。そんなことに意味はありません。ここで大切なのは、異なる視点を持つことです。具体的な何かになって書いてみることは、自動的に他者の視点を手に入れることに他ならないので、コピーの幅を広げやすくなります。

いま話していることは、言い方を変えるとマインドセットをずらしてみるということでもあります。人は大抵、それまで生きてきた過程の中で思考形式のパターンや癖という固定したマインドセットを持っています。そこからでしかコピーを書かないと、自ずと限界が訪れます。

誰かになって書いてみるということは、マインドセットの多様性を手に入れるということです。そのための武器になるのが、柔軟な脳とシームレスな想像力です。

（E）私はコピーライターである。個人的であり、とても冷静な存在である。

普通、コピーライターは黒子です。「自分」が前に出ていくことは滅多にありません。

下手に一人称で私はなどと書こうものなら、あんた誰？と不審に思われてしまいます。なので、このコピーライターの視点、つまり個人としての自分の視点で書くのは結構難しいことです。

私がこの仕事を始めたばかりの頃のコピー年鑑（ＴＣＣによる広告コピーの年鑑）の編集テーマに「コピーは僕だ」というものがありました。駆け出しのコピーライターだった僕は、「あぁ素敵な仕事だなあ、コピーライターって」と思ったのを昨日のことのように覚えています。

そんなこともあり、私はコピーライターが自分の話としてコピーを書くのはありだと思っています。

私も含めてほとんどの人が天才ではありません。天才は、普通の人が思いもしないことを考えています。つまり天才は孤高の人なわけです。なので、天才が考えていることをコピーにしてもほとんどの人にとっては、自分のこととして受け止めることができません。

その点、私たちのような普通の人は得です。自分の考え感じていることの向こう側に、多くの同調者がいるのですから。つまり、仮にあなたが父と子の関係について、自分の思いをコピーにしたら、あなたが天才じゃない限り、その思いと同じ思いを持つ人がたくさんいるということです。ちょっと勇気が出てきますよね。コピーライターが自分の思いを一人称で書くというやり方をマスターすると、そのコピーライターのコピーの幅と深さは格段に広がります。

もちろんエッセイを書けばいいわけではないので、広告商品のなかに個人として、どんな素敵なストーリーを見つけられるかが勝負の分かれ道になるわけです。そう考えると、普段から何を見て、何を考えているかが大きく影響します。

コピーライターって厄介な仕事です。この書き方は嫌でもコピーに人格が出てきます。書き手の人格が表に出てくるのですから、いいやつにもなれるし、優しい人にもなれるし、知的な大人にもなれます。

ただ一度のものが、僕は好きだ。
（キヤノンＡＥ－１・１９７７年）

一人称で書かれたコピーの中で、私が忘れることのできないコピーがこれです。

④逆を言う

この書き方には2つのパターンがあります。

ひとつめは、これはこういうものだと人が信じきっていることに疑問を投げかけるコピー。こういうコピーに出会うと人は意表を突かれ混乱して、そのことについて考えます。この場合の逆とは、言葉として反対語にあるものを取り上げるということではなく、コピー全体で思い込みをひっくり返すやり方です。

おじいちゃんにも、セックスを。

（宝島社・1998年）

このコピーを見たときずいぶん考えさせられました。何を言おうとしているコピーなのだろうと。

まあ、考えさせている時点でこのコピーは成功しているわけですが。普通はおじいちゃんになったらその辺りのことは卒業して、好好爺になって暮らすというのが私も含めた人々の常識だと思います。

そこにセックスという生命力の猛々しいものが必要だと、コピーは主張しています。ここに出てくるおじいちゃんは、特定の誰かではなく、社会的な存在としてのおじいちゃんだろうと思います。いってみれば日本社会のようなものです。なんとなく成熟して面倒くさくてお利口さんになった日本社会の象徴がおじいちゃんなのではないかなと考えました。

そういう今のおじいちゃん社会に、理屈を超えたギラギラした生命力の必要性を訴えているのではないかなと考えさせられたということです。こんな解釈、はっきりいってどうでもいいのです。どれが正解かなどということもおそらくないのだと思います。言ってみれば考えさせられたという事実が正解なのだと思います。

そして、考えることって結構楽しいものです。私も楽しく考えさせてもらいました。そういう意味で、このコピーはサービス精神にあふれたコピーなのだと思います。

時代なんかパッと変わる。

（サントリーリザーブ・１９８４年）

時代という言葉は重量感のある言葉です。少なくとも一時代をつくるにはそれなりの時間が必要です。逆にひとつの時代が終わる時もブチッと断ち切られるのではなく、「ひとつの時代が終焉を迎えた」というように、夕日が沈んでいくような時間の流れを人はそこに感じています。それが時代という言葉に対する人々の常識だと思います。そのゆったりとうつろっていく時代を、一瞬で変わってしまうと言い切っています。しかも時代なんて、と今までの常識を嘲笑《あざわら》うかのように。

このコピーから感じる人格は、旧世代とは全く違う、怖いもの知らずの不敵な若い技術者のイメージです。ライバルたちとは次元の違う技術を持っている企業のイメージです。それでいて、その人柄は嫌なものかといえばそうではなく、古い時代を切り開いて変革してくれるものに対する、頼もしさと清々《すがすが》しさを感じます。

今、私はこうやってコピーを詳細に解説していますが、本を書くために無理やり深掘りしているわけではなく、このコピーに初めて接した時に感じた感情を分析しています。ということは、初見でも言語化されてはいないものの、コピーの意図を感じ取っていたということになります。

人間の一瞬の把握力というものはかなり優れていて、多くのことを読み取り、感じています。ただそれが言語という形では定着していないというだけのことです。

そもそも言語とは情報や感情を他者に伝えるために存在する手段ですから、個人の単位で考えれば言語化できていないことは大した問題ではありません。むしろ、言語化できていないことは存在していないことと同じだというような考え方のほうが人間の可能性を狭めているように思えます。

「逆を言う」書き方のもうひとつのパターンは、単語として逆の意味を持つ言葉をわざと使うというものです。

夢と現実、愛と憎悪、生と死。一般的にお互いに反発し合う言葉を並列して使うことによって、より意味が強まるということがあると思います。生という言葉はそれ単独で使うよりも、死という真逆にある言葉と一緒に使ったほうが、より輝くということです。

対極にある言葉同士を並べることで、お互いの彩度と明度があがり、意味が鮮明になるのです。

ちっちゃな本がでかいこと言うじゃないか。

（講談社文庫・１９８８年）

小さいと、大きい。この２つの対比が効いています。ちっちゃな本という言葉があるので、でかいこと、という言葉が際立ってきます。

さらに言うと、このコピーの特徴は、ちっちゃなと、でかい、という言葉を使うことで、本という商品の人格を書き変えているところです。本とは知恵の継承という役割を担っています。かなり重要な役割です。文化の要であると言っても言い過ぎではないでしょう。

そんな偉そうな存在を、本の本質を損なうことなく、このコピーはとても身近なものに変えてくれています。いわばとっつきにくく、偉そうな本の人格を、小さな体で一生懸命に主張する、とても可愛げのある人格に変換させています。本の敷居の高さを低くしてくれる役目を果たしているわけです。

僕は弱いけど強い。

（みずほフィナンシャルグループ・２０１８年）

弱いと強い、まさに逆の意味の言葉を並べて使っています。弱さがあるから強さが引き立ちます。人間、強いだけの人にはあまり共感できないものです。自分の弱さをわかったうえでそれを乗り越えていこうとする強さに、人はエールを送りたくなるものです。そういう意味では、このコピーは、いいやつな人格を狙ったコピーだと思います。

このコピー、普通はどこかに点、つまり読点を打ったほうが読みやすいのですが、ここでは打たずに一気に読ませています。

読点を打って親切に読みやすくするより、一息に読ませることでいい意味での緊張感を生み出すことができています。読みやすくするということは大抵の場合、正しいのですが、この場合読みやすさは読み手に安定を与えてしまいます。弱いけど強い、という不安定な精神状態をも表現したい時にはその安定は足を引っ張ることになってしまいます。

時と場合によって、コピーライターはこういうセオリーから外れたことをやります。狙いがしっかりあるのであれば、私は、コピーは文章のルールを無視しても構わないと思っています。

むしろその辺りを計算してコピーを書くことが、コピーライターという仕事の面白みにつながっていると思えるのです。

信じられないことは、
信じることから生まれる。

（三井住友銀行・２０１９年）

空港でこのコピーを見て、ああ上手なコピーだと思ったのを覚えています。可能性や努力を信じることで、奇跡は生まれるということを言いたいコピーだと思うのですが、信じられないこと、と信じることの順番がよく考えられているなと思いました。信じることから、信じられないことは生まれる、でも別に意味としては間違っていないのですが、ずいぶん印象が違ってきます。

このコピーでいちばん言いたかったことはおそらく信じることの大切さだと思います。その言葉を際立たせるために、信じられないことと並べてコピー化しているのだと思います。信じられないことは、という華やかな言葉が最初にきて、後から、信じることから生まれるとどっしりと着地させたほうが、信じるという言葉が主役に聞こえるという計算のうえに書かれたのではないかと考えられます。

この広告のキャラクターであるアスリートたちはもちろん、この広告を空港で目にするであろう多くのビジネスマンにも勇気を与えてくれるコピーだと思います。このコピーから感じるのは、クレバーなのだけど内側に闘志を秘めた人格。クライアントが金融なので、自分たちの理想像なのかもしれませんね。

⑤ 目と耳を意識して書く

言葉の意味性を深く理解してもらうというよりは、視覚・聴覚に訴えかけるコピーです。音声で耳にした時に効力を発することが多いので、必然的にＣＭで力を発揮することが多いコピーです。

商品名や効能を並べてみたり、繰り返してみたり、人の記憶は音声が担う部分も大きいので、ネーミングであったり、商品の最小限のアピールポイントなどを刷り込ませていくことが可能です。広告を見る人は大抵、ＣＭを真剣に見ているわけではなく、流れているのをなんとなく見ているという状態です。そういう視聴態度の生活者に、含蓄のある、深い意味性をはらんだコピーを発信してみても、届かないことは容易に想像できます。

その点、聴覚を意識して書かれたコピーは、難しいロジックや言い回しのものは少ないので、耳から短いフレーズが一瞬にして入り込んできて記憶してしまいます。記憶につながるスピードこそが、このタイプのコピーの真骨頂です。

ハエハエ
カカカ、
キンチョール

（大日本除虫菊 キンチョール・１９８１年）

これ、まあ普通に言えば、「ハエと蚊にはキンチョール」なのですけど、「ハエハエカカカ、キンチョール」の方がスピードは圧倒的に速いですよね。路線バスと新幹線くらいの差があると思います。耳から入ってくるコピーは、リズムが命のようなところもあります。リズムがいい方が圧倒的に覚えやすいからですね。

聴覚の話が多くなりましたが、こういうコピーは文字として見たときにも、目に飛び込んでくる力と速さがあります。コピーを目にしたときに即座に理解できるスピード感。つまりわざわざ頭で意味を解釈しなくても、文字の形だけで言いたいことが伝わる。視覚言語としての強みが生かされていると思います。

カリッとサクッとおいしいスコーン

（湖池屋 スコーン・１９８８年）

リズムという意味で言えば、このコピーはサウンドロゴのようにメロディに乗せて発信されていました。言葉としてのリズム感にメロディが付与されています。そもそもサウンドロゴとは短い旋律に企業名や商品名を乗せて記憶に残そうとするものですから、言葉だけのコピーより企みが強いと思います。

さらにこのコピーは、名前だけではなく、商品のおいしさまでも聴覚を使ってアピールできる、という見本のようなコピーだと思います。

味の魅力を伝える「シズル」という言葉は元来、音でおいしさを伝えるという意味です。このコピーで使われている、「カリッ」も「サクッ」も食感を音で再現したものです。なので、目で見るよりも音で聴いたときの方がおいしそうに思えるわけです。

このように全てが計算されたうえでこの広告は成立しています。

でっかいどお。北海道

（全日本空輸・１９７７年）

旅の広告は、読み手に憧れを抱かせなくてはいけません。多くの目と耳を意識したコピーは、商品名や企業名を覚えてもらうことを目的にしていますが、この広告の目的は憧れの醸成です。

このコピーは北海道を「でっかいどお」、と言うだけでビジュアルがなくても読み手に憧れを抱かせることに成功していると思います。でっかいどおと北海道が韻を踏んでいるというのは魅力のひとつではありますが、主題ではないと思います。

むしろこのコピーの優れているのは、耳で聞いた時に、イメージできる人格が魅力的だという点だと思います。北海道の馬鈴薯農家のおじさんが、自分たちの住む北海道を誇らしげに旅人に語っている。でっかいどお、という言葉を聞くとそんなふうに感じることができます。

おおらかで、素朴で、優しくて、可愛らしい。東京や大阪の人が憧れる北海道の良さの一面がきちんとこの人格には込められています。

この書き方で手に入れやすい人格は、音とリズムが主眼になるので、軽妙で洒脱な人格なのですが、この北海道の広告のような素朴で可愛らしい人格を作り出すことも可能だということです。

視覚聴覚を意識して書くやり方には、言いたいことを削って削って削っていく作業が必要です。耳から入ってくる言葉で注意を引き、記憶してもらうためには短い言葉が絶対条件になるからです。

削るという意味では、この章で前述した元素分解していく書き方に近いものがあります。元素分解していく方法は、本質を見つけ出すために余計なものを削っていく作業ですが、この目と耳を意識する書き方は、耳から聞いた時、目で見た時の強さや印象度を高めるために削っていくという違いがあります。

⑥事実をエモーショナルに

例えば、背が高いという物理的な事実も、月に近いと変換すればエモーショナルになります。

事実そのものは無味乾燥なものであっても、そこにエモーショナルな解釈を加えることで、そのコピーは大人で知的なものになったり、とても優しい眼差しを持ったコピーになります。ベースになっているのが事実なので、納得度の高いものになり、深い賛同を得ることができます。

服は、肌より先に抱きしめられる。

（西武百貨店・２０００年）

確かに肌の上に服を着ますから、こういうことになります。服は着るものであるという身もふたもない事実も、このように解釈すればエモーショナルになります。なるほど、いい服を着ていないと、いい恋もできないかもしれない、お洒落ってそういうことかも、とターゲットに思わせることができそうです。

結果的に西武百貨店で売っているファッションの価値を上げながら、服を手触り、という観点で選ぶという興味を生み出すことに成功しているコピーだと思います。しかもその気づきは、ちょっとウキウキした気分と共に訪れます。

こういう幸せな気分でお金を使ってもらうというのが、コピーライター冥利に尽きるのだと思います。

父親の席は、花嫁から一番遠くにある。

（キヤノンPowerShot S1IS・2004年）

挙式は結婚するふたりと家族のものなので、まだ花嫁の父としては当事者意識も保てるのでしょうが、もはや披露宴は完全に新郎新婦とその友人たちのものになってしまいます。そして物理的にも、親の席はふたりからいちばん遠い入り口に近い円卓と相場が決まっています。

さあ、この物理的な事実をどうエモーショナルな事実に変えていくかはコピーライターの腕の見せどころです。現場である披露宴会場では、花嫁の父は祝福の輪をちょっと外れたところから、客観的に愛娘の晴れ姿を見守ることになります。

披露宴の喧騒から少し距離をおいて娘を見ているだけに、よけいに今までの娘との思い出などが去来し、花嫁の父の寂寥《せきりょう》は増すばかりです。披露宴での物理的なこの距離が、これから先の娘との距離を暗示しているようにも思えます。

そんな切ない想いのまま、父親は娘の晴れ姿にカメラを向けます。花嫁の父が会場の前まで行って写真を撮るなんて出しゃばったこともやりにくい。自分のこの遠い席から、娘の姿を写真に残しておくしかない。

そりゃあ、いいカメラが必要ですよね。

でもこのコピー、カメラの話を何ひとつしていません。ただ父親と娘の席の距離をコピーにしているだけです。それだけで、いろいろな感情を想像させ、そのうえで商品の特徴を強力にアピールしています。

ある意味、書き手が読み手を信頼して書かれているコピーだと思います。このコピーの人格が大人であるというよりは、コピーライターと読み手の関係が大人だと言えると思います。

四十才は二度目のハタチ。

（伊勢丹・１９９２年）

ウエットなコピーの事例が続いたので、少しカラッとしたものを。20×2＝40という否定のしようのない事実で、ちょっと嬉しい気持ちにさせてくれています。

40才という年齢、私から見ればまだまだ40才と思うところですが、本人にとってはもう40才と感じてしまうのかもしれません。まだまだか、もうか、は置いておいて大人であることは間違いありません。大人ですからいろいろなことを経験しているでしょう。そんな人が二度目のハタチを迎える。当然、最初のハタチよりは成長しているはずです。このコピーが人に勇気をくれるのは、単に40才をもう一回ハタチになったと考えればいいじゃない、と言っているのではなく、二度目のハタチを迎えたあなたの方が、そこらへんの最初の20才より素敵ですよと、言外に言っているところだと思います。

誰かを励ますのはとても難しいことです。気にするなと言われても、頑張れと言われても、言われてできるくらいなら最初から悩んだりはしません。励まされているということに本人が気もつかずに、いつの間にか前向きな気持ちになっている。これが本当の優しい励ましなのではないでしょうか。

このコピーは一見、淡々としたコピーに見えますが、私はとても優しさに満ちた人格のコピーだと思います。

事実をエモーショナルなコピーに変身させる書き方は、観察して想像して発見することが何より大切になります。40才を2周目の20才と考えたら、ちょっと勇気が湧いてくるかも。そういえば、披露宴で親の席は主役のふたりからいちばん離れているけど、親はどんな気持ちなんだろう。人を抱きしめているようで、実は最初は服を抱きしめているんだな。やっぱり服って大事かも。

事実を穴の開くほど観察して、そこからどのようなエモーションを生み出すことができるだろうと想像し、ついに事実の中にエモーションへの糸口を発見するということです。

⑦永遠の定理を発見する

とても難しいことですが、これが見つかるといわゆる名作というものになる確率が上がります。企業ブランドや商品と、世の中の間にある永遠の共通認識をまさに発見することです。

名作コピーとは、時が経っても色あせることのないものを言います。あの時は輝いていたけど、今読むとなんだかピンとこないね、というコピーは名作ではないということです。

もちろん、文学をやっているわけではないので、その時に輝いていればコピーとしては十分素晴らしいのです。そのうえで、コピーの殿堂がもしあったならそこに飾られるのが、この永遠の定理にのっとって書かれたコピーということです。

この書き方が名作になりやすいのは、そもそも定理とは普遍的で、時を超えて誰にとっても深く納得できるものだからだと思います。

一瞬も 一生も 美しく

（資生堂・２００６年）

この書き方で真っ先に思い浮かぶコピーがこのコピーです。資生堂という企業の使命と、女性の願いが、最も大きなところで握手しています。メイクアップでその時だけが美しければいいのではなく、女性は一生美しくいてほしい。この主旨は、時代が変わったからといって変化するものではなく、まさに永遠の定理だと思います。

そして普通に考えると一生、という長い時間の方に比重がかかりがちなのですが、このコピーでは一瞬と一生が同じ重さで書かれています。一生と同じくらい一瞬は大切だということ。

いつか振り返って一生が幸せだったと思うだけでは満足できない、この一瞬も美しくなければダメなのです。最初にこのコピーを目にしたときに感じた凄みのようなものの正体は、この意志の強さにあるのかもしれません。

愛とか、勇気とか、見えないものも乗せている。

（ＪＲ九州・１９９２年）

クライアントはＪＲ九州ですが、このコピーは旅という行為の定理を射抜いていると思います。ヒッチハイクだろうが自転車やバイクや船だろうが、全ての旅に共通する本質を言っているコピーではないでしょうか。

旅は、たとえ出張であれ、非日常の典型です。非日常の時間は人に様々な感情をもたらします。不安や怖れ、希望や喜び。そういった日常とは違う感情を抱えながら、移動していくのが旅の醍醐味なのかもしれません。

このコピーは、その旅の持つ普遍的な意味を言い当てています。時代が変わろうとも、人が変わろうとも、旅は変わりません。それがこのコピーが多くの人の心を捉えた理由だと思います。

そしてこのコピーは旅人だけでなく、旅を支えるＪＲ九州にとっても意味のあるものであったはずです。車両の整備、線路の保全など、昼夜を問わず、厳しい環境の中でも列車を走らせ続けなくてはいけない。そのために努力する自分たちの仕事の本質を明らかにしてくれました。そのことは、社員の誇りを呼び覚ましたはずです。

このろくでもない、すばらしき世界

（サントリーＢＯＳＳ・２００７年）

いつの時代でもたぶんそうでした。うまいことやるやつだけが得をして、正直に誠実に生きているやつは損をする。相手を蹴落とすためならなんだってやるし、自分をよく見せるためなら、心にもないお世辞だって厭《いと》わない。世の中がろくでもないのは、今に限った話ではなくて、社会というものが生まれて以来、普遍的なことなのだと思います。

それでも、どんな時代でも人間はちょっとした出来事に、生きる希望を見つけて懸命に生きている。人間のそういう健気さも、時代を超えたものであるはずです。ろくでもないのも人間だし、素晴らしいのも人間です。

このコピーは究極の人間賛歌なのだろうと思います。だよね、と静かに肩に手を置きたくなるようないいやつな人格のコピーです。


ここまで、私が普段心がけている7つのコピーの書き方をご紹介しました。冒頭に述べましたが、コピーの書き方は人それぞれ、他にもたくさんあるはずで、自分自身もこれからも勉強だなと思っています。

私の場合は、息をしていないコピーは書きたくないので、いきいきと人柄が感じられるコピーをどうやったら書けるのかを常に考えてきた結果、たどり着いたのがこの7つの書き方でした。

コピーも含めてクリエーティブの仕事というのは、「気持ち」とか「心」という抽象的なものを動かすことを目的に、コピーやビジュアルという具象物を生み出していくことを求められている仕事だと思います。

その際に、頼りになるのはあなたが考えた言葉なりビジュアルが世の中にどんな影響を与えるかを想像する力です。このコピーは本当に人の心に届くのだろうか。常に自問自答しながら、正解に近づいていくのです。

そしてもうひとつ大切なのは、観察力。この章で挙げたコピーの事例も、世の中をよく観察しているからこそ生まれたものがたくさんありました。観察力とは興味の問題です。興味があるから、じっと観察する。言い換えれば、人間なり世の中のことにいつも好奇心を持っている人は、いいコピーライターになる資質があるということです。

さて、次の章では、長い文章の書き方についてお話しします。広告で言えばボディコピーですが、コピーライターでなくても、長文を書く機会は結構あるものです。事業のステートメントであったり、日常で言えばメールも当てはまります。どうすれば自分らしい魅力的な長文が書けるのかを、お話ししたいと思います。

5

自分らしい表現のできる幸せ

この本を書いている2020年は、コロナ禍の年でした。日本だけではなく、世界中の国がコロナウイルス対策に必死に取り組みました。

いろいろな国の首脳がそれぞれの国民に対して、感染の現状、対策の見通し、人々へのお願いを発表しました。それぞれの首脳のスピーチの内容は世界の人々の知るところとなり、否が応でも比較の対象になりました。

私は国によって、いや政治家によってこんなにも差があるのだなと、改めて考え込んでしまいました。差というのは、能力の差ではなく、コミュニケーションに対する考え方の差です。

日本の政治家は、押し並べて役人の書いた文章を読み上げることに終始していました。当たり障りのない、そして個性も感じられないものばかりでした。唯一、目立ったのは副詞と形容詞の多用でした。

「しっかりと」「力強く」「万全の」など勇ましい言葉がたくさん使われていました。私は政治家の言葉というのは、形容詞ではなく動詞で語られるべきだと思っています。動詞はあれをやる、これを行うという行動を示す言葉です。故に動詞には行動の責任がついて回ります。しかし形容詞や副詞というのは、威勢はいいのですが、約束をしたことにはならない言葉です。約束にならない言葉なので、そこに責任は生まれません。聞いている方からすれば、なんだかはぐらかされているような気になってきます。

今回の日本の政治家の発言は、後からマスコミや国民に突っ込まれたくないという意識が強く働いた「守りのコミュニケーション」だったと見ることができます。そもそもコミュニケーションとは相手と意思を通じ合うことを目的にするので、少なからず能動的であるはずなのです。ですから守りのコミュニケーションというものが成立しうるのかすら、疑問ではあるのですが。

一方、ニュージーランドやドイツなどの首脳たちの言葉は違いました。彼女たちは自分の言葉で国民に呼びかけていたと思います。自分の考えを臆することなく、包み隠さず率直に報告して、見通しを述べ、キッパリと国民に要請をしていた印象です。

どちらの言葉が国民に届いたかと言えば、答えは明らかです。彼女たちの言葉には「伝えたい」という意思が満ちあふれていました。

どうせなら、自分らしく伝えよう

コピーライターに限らず、私たちはコミュニケーションと無縁ではいられない時代に生きています。そして、どうせコミュニケーションから逃れられないなら、きちんと自分の言葉で話して、自分の気持ちを１００％伝えたほうがいいに決まっています。

前の章までは、キャッチフレーズ、つまり短文の書き方の話をしてきました。それは言いたいことを、一言でどう伝えるかの研究でした。最後の章では、自分らしい文章の書き方について話します。ある程度の文章量の中で、相手の気持ちを動かすためにはどんな書き方をすればいいのか。コピーライターにとってはボディコピーかもしれません、一般のビジネスパーソンにとってはプロジェクトのステートメントなのかもしれません。

しかし、それ以前に、自分らしい言葉で、自分らしいコミュニケーションができるようになることの素晴らしさを伝えられたらと思います。

絵の達者な人は、描くことで自己表現ができます。しかし、絵の描けない多くの人にとって、言葉は自己表現をする最適なツールです。そして、言葉はいくつかのポイントさえ押さえれば、見違えるように輝き出してくるものなのです。

ボディコピーの技術

広告における長文として最初に思い浮かぶのは、ボディコピーと言われるものです。最近では、まともに新聞15段広告など作ったことのないコピーライターも増えています。なので必然的にボディコピーを真剣に書いた経験も少ないと思います。

正直にいうと、ボディコピーは読んでもらえる確率は低いと思います。だからと言って適当に書いていいかと言えば大きな間違いです。数は少ないかもしれないけれど、ボディコピーを読んでくれる人は必ずいます。その人たちは、その企業や商品にとってとてもいいお客さまか、あるいはいいお客さま候補です。

いずれにしても、とても大切な人であることに間違いはありません。そんな大切な人が、ボディコピーをわざわざ読んでくれた後に、ああいいものを読んだと思うか、時間を無駄にしたと思うのか、その差はとても大きいわけです。適当に書いたボディコピーのおかげで、その商品はロイヤルカスタマーを一人失うことになるかもしれないのです。

私は、ボディコピーとはコピーライターがお客さまに行う最大のサービスでなくてはいけないと考えています。長い文章を読むということは、その人の数分間をいただくということです。その人が数分間を費やしたことを絶対に後悔させてはいけないと思っています。

そのためのいくつかのコツをお話しします。この章で紹介するボディコピーは、いずれも私自身が手がけたものです、自分で書いたものでないとその構造までは話せないので、そうさせてもらいました。

① ボディコピーはエモーションを残すものである

ビジネス文章は事実を簡潔に伝えるもの。つまりインフォメーションです。一方、ボディコピーはコミュニケーションを目的としています。つまり、読み手の気持ちを動かすことが目的になります。この基本中の基本を間違えるといいボディコピーは絶対に書けません。

相手の気持ちをどんなところへ連れていくのかは、それがどんな商品で、そのボディコピーで何を伝えたいかによって異なってきます。

例えば、先進的な医療機器のボディコピーで愛情とか希望のようなエモーションを感じることができたなら、読み手はその新製品の開発の精神に触れて、企業への好感度や信頼感が増すかもしれません。

一方、このあと例として挙げる缶コーヒーなどの商品であれば、より選択できるエモーションの幅は広くなります。「熱血」もありでしょうし、「おとぼけ」や「お涙頂戴」もあるでしょう。

これは、俳優の山﨑努さんの言葉を真似て書かれたボディコピーです。

疑問は夕食の後、唐突におとずれた。
例えば、私が今つかっているツマ楊枝は
いったい誰が発明したのだ。
ソレそこに転がっている割りばしは、
いったいどんな経緯で世に出でしか。
愕然である。無知である。
日ごろあたり前のように接していながら、
実は名前の他は何も知らなかった、という「物」
たちの何と多いことか。
迂闊である、不勉強である。
缶コーヒーも、そうではないか。
この日本で最も飲まれている清涼飲料は、
いったい誰がどんな具合に発明したのか。
私の知識欲にメラっと火がついた。

そう、ＵＣＣであった。世界で初めて缶コーヒーをつくったのは、実はＵＣＣであった。

一九六九年三月、大阪は高槻にあるＵＣＣの工場で、それは産声をあげたのである。

そもそも、このＵＣＣという会社、一九三三年の創業以来、自分たちの使命は日本国の津々浦々に、おいしいコーヒーをひろめること、ひとりでも多くの人に本当のコーヒーのおいしさを知ってもらうことと公言してはばからない、まるでコーヒーの伝道師のような会社なのである。

その志たるや、さすがの私も頭をさげざるをえない。で、あるからして、この缶コーヒーの発明にしても、いつでもどこでも、もっと手軽においしいコーヒーを飲めるようにしたいという一念が、その発端となったらしい。

だが、そんな筋金いりのコーヒー会社（コーヒーへの思いは募るばかりで、ハワイとジャマイカに、とうとう自分たちのコーヒー農園までつくってしまった）をもってしても、缶コーヒーの発明、普及に至る道はけっして平坦なものではなかったようだ。

荒野に初めて道をつくる者は苦しむのだ。

レギュラーコーヒー豆１００％の、缶コーヒーを目指すＵＣＣの前に立ちはだかった最大の壁は、コーヒーとミルクと砂糖は本来とけ合わないという、唖然とする事実である。

ミルクは分離し、砂糖は沈殿する。

なるほど、敵は自然の摂理であるか。

強敵である。

しかし、ＵＣＣはよくやった。

二年の月日と60トンの未完成品と、知力と体力の全てをかけて、この問題を何とかしたのである。

ついに黒雲の間から光が射したのであった。

やっと納得のいく缶コーヒーはできた。

だがしかし、それからだって大変である。

なんといっても世界初。

誰も缶コーヒーなど、見たこともないのである。

ここでこのコーヒー会社のやったことが、いじらしい。

当時486人の全社員が総出で、一軒ずつお店をまわって説明したのである。経理の人も人事の人も、それぞれが缶コーヒーを手に町を走ったのである。

私は、こういうのにヨワイ。こういう一途さに、ホロッとしてしまうたちである。

新しいものを生み出すのは、いつもロマンと情熱である。人には内緒だが、私は常々そう思っている。UCCの缶コーヒー発明史、それはロマンではないか。それは情熱ではないか。

人に歴史あり、缶コーヒーにも歴史あり、か。

いやはや、いい話であった。

これで私の探究心もひとまず満腹である。

さてと、わたしにもすまんが一本、よく冷えた缶コーヒーをとってくださらんか。

（UCC上島珈琲）

タレントを起用した広告の場合、時々そのタレントさんらしい言葉で書くことがあります。

この場合は、山﨑さんをちょっと気難しい、でもどこか憎めない、面白いおじさんの人格と設定して書かれています。こうすることで、缶コーヒーのパイオニアであるというクライアントのアピールをひとつのエンターテインメントとしてエモーショナルに伝えることができます。そもそも企業が自分のことを自慢するのは、こうやって誰かの口を借りないことにはなかなか難しい。自画自賛になりますからね。それも、語り部は誰でもいいかといえばそうではありません。この場合、山﨑さんを思い込みの激しい人柄に仕立て上げて、ユーモラスに語ることで、嫌味のないものになっていると思います。

②ボディコピーは精密なプラモデルだと考える

ひとつでも部品が足りないと、プラモデルは完成しません。そして完成した時に手元に部品がひとつでも余っていたら、どこかが不完全ということになります。

ボディコピーを書く時も同じです。一語といえども余計な言葉がないように心がける必要があります。そして目指すべきエモーションのために不足している言葉があってもいけません。

ある程度の文字数を与えられているボディコピーの場合、よくあるのは無駄な言葉をつい入れて書いてしまうパターンです。無駄な言葉があると、文章全体の緊張感が失われ、弛緩したものになってしまいます。わかってはいるのですが、気持ちを込めて書いていると、丁寧に伝えようとするあまりに、くどい文章になってしまうのはよくあることです。

この事例は、2つの通信会社が合併した時の広告です。タレントは小泉今日子さんでした。

いろんな人と話をして
あなたも私も育ってきた
そしてこれからも
いろんな人と話をして
あなたも私も育っていく
ちょっとずつ恩がえししながらね
（ＤＤＩ（現・ＫＤＤＩ））

とても短いボディコピーです。

文章の長短でいうと、どちらかと言えば短い文章の方が難しいです。少ない文字数で言いたいことを伝えきり、しかもエモーションを引き起こすように書かなくてはいけないからです。

このボディコピーの場合の、「あなたと私」は一般人としてのあなたと私でありながら、一緒になる2つの会社のことでもあります。今までは別々にいろんな人と話して（通信して）育ってきたけれど、これからは一緒になって成長していきましょう。世の中に良いサービスを提供しながらね、という内容を企業ではなく人間同士の話に置き換えて書かれています。会社の合併のニュースなどは、生活者にとってはほとんど関係のないものですが、こうやって意味を重ならせて書くと、合併という企業の無機質な出来事が、エモーショナルなものに変質します。

そして、今まで、これから、というシンプルな時間軸の中で話を展開しているので、無駄な要素が入り込む余地がありません。そういう意味では、このボディコピーは完成されたプラモデルのような状態と言えるでしょう。

③ボディコピーは一行目から書かない

200字などの短いものなら別ですが、600字以上のコピーになってくると、書き出しから順に書いていかない方がいいと思います。

文字数の多いボディコピーとはいえ、核になる言葉というものが存在します。ヒーローワードと呼べる言葉です。そしてそういう言葉は案外、キャッチフレーズを考えていた時のメモから見つかったりします、単体でキャッチにすると意味がぼやけたりするような言葉でも、前後の文章で補強してあげることで、生き返ります。最初にそういう言葉のブロックから書いて、前後に肉付けしていくような書き方です。そのように書くと、自ずとヒーローワードを頂点とした文章になって、がぜんエモーショナルなものになります。

大学の授業が終わって帰宅すると、
冷えびえとした薄暗い部屋の中で、母親はひとりで足をさすっていた。
床の上には、買い物の袋が手つかずのまま置かれている。
いつもの笑顔も、あかるい「おかえり」の言葉もない。
母親に異変がおきたことはあきらかだった。
長尾幸子の母が、慢性関節リウマチと診断されたのは、長尾が大学三年、薬学部に在籍している時のことだった。

家で一番の元気者だった母の発病は、家族それぞれにさまざまな影響を与えた。

母の調子が芳しくない時には、父親が慣れない手つきで炊事をするようになり、
長尾自身も、それまでは単に薬剤師の免許をとるための手段としてしか考えていなかった大学の存在が、自分の中で全く違う意味と重さをもつ何かに変わりはじめていたことに気がついた。

慢性関節リウマチに対して、今のところ人類はその本当の原因も、根本的な治療法も見いだせずにいる。

絶え間なく襲ってくる激痛から患者を守るためには、鎮痛抗炎症薬を投与していくしかない。

それでも薬学を学ぶ学生だった長尾は、母親の痛みを取り除いてくれる「薬」に対して、純粋に感動を覚えた。

彼女は結局、地元で薬剤師になる道を捨て、製薬会社に入社するため、東北新幹線の上りホームに立つことになる。

現在、この製薬会社には、１２００名の研究員がいる。

そしてそれぞれの研究員が、それぞれの動機で新しい薬の研究開発をおこなっている。

そんな彼らあるいは彼女たちに共通しているのは「いい薬をつくりたい」という真摯で強靭な意志に他ならない。

ひとつの薬が誕生するまで約10年、発見された物質が薬になる可能性は1万分の1といわれている。

入社して定年まで、ひとつの新薬の誕生にすらかかわれない、不運な研究者になる可能性さえある。

新しい薬の開発とは、それほど過酷なものだ。

テクノロジーがどれほど進化したとしても、この新薬の研究開発という領域では、人間の継続した強い意志がいちばん尊い。

「世界中の人のために」「自分の母親のために」、いい薬をつくろう。

ちなみに現在、長尾幸子は研究第二室で、奇しくも慢性関節リウマチに直接関係する鎮痛抗炎症薬の開発を行っている。
入社2年目、長尾の「痛み」との闘いは、
まだ始まったばかりだ。
（製薬会社へのプレゼンテーション用原稿より）

このコピーは新聞広告のプレゼンテーション用に実際に取材して書かれたものです。製薬会社の本分である新薬の開発を、一人の若い研究員の話から描いていったものです。

このボディコピーのヒーローワードは、文中で傍線を引いた部分、「彼女は結局、地元で薬剤師になる道を捨て、製薬会社に入社するため、東北新幹線の上りホームに立つことになる」、その中でも特に大切だったのが、「新幹線の上りホームに立つ」、です。研究者の決意と情熱を伝えるために、若い研究者のたまごが、地元で薬剤師になるという道を捨て、東京に向かう新幹線のホームに立つ、という風景は、とても象徴的なものだからです。

ボディコピーの中心に、この新幹線の上りホームに立つシーンを据え、前後を書いていきます。このホームに立つ姿のために、文頭の帰宅のシーンがあります。日常が崩れていく瞬間から入ったほうが、上京にいたる彼女の決意が伝わりやすいと考えたからです。

このように、ボディコピーの中に感情のピークをつくることで、自ずと文章は起伏を持ち平板なものではなくなります。先ほどボディコピーは精密なプラモデルだとお話ししましたが、文章というものは立体的な構造物だと考えたほうがいいかもしれません。紙に書くものなので、ついつい平面上の出来事のように捉えてしまいますが、建築物のように作り上げていくという意識の変化があれば、自ずと書き方も変わってくると思います。

④ 書き出しと終わりに神経を

これはよく言われていることですね。具体的には、書き出しというものは、読む人に期待感を抱かせるためのものです。

書き出しが平凡だと、読む気がなくなります。そうじゃなくてもスルーされがちなボディコピーをなんとか読んでもらうために、コピーライターは書き出しにこだわるべきだと、私は思います。

そして、終わり方も同じように重要です。最初の言葉が期待感を生み、最後の言葉は満足感を与えます。読み手にこの文章を読んで良かったと思ってもらえれば、次もきっと読んでくれるでしょう。

ディスティラリー（ウイスキー蒸溜所）とは、
人類にとってひとつの希望である。
それは暗い池の底で鈍い光を放つ銀貨に似ている。
ディスティラリーが評価に値するウイスキーを生みだすためには、良質で潤沢な水資源と、無垢であり、なおかつ厳しい風土を必要とする。

ディスティラリーの存在は、地球がまだ健康な肉体を保っていることの証しにほかならない。
そして、ディスティラリーが要求する、ウイスキーを熟成させるために必要な10年、15年、という時間は、人類が必ずしも効率だけを優先させるわけではない、つまり未来を信じるという私たちの美徳のひとつがまだ失われていないことを示している。

繁栄と破壊の20世紀が終り、新しい１００年を迎えようとしている今、ディスティラリーとはやはり人類にとってひとつの希望である。

ウイスキーを、巧みな広告戦略で大量に売りさばいていくマスプロダクツとして考えていると、こういったディスティラリーの本当の意義は永久に見えてこない。そして母体であるディスティラリーの認識が稀薄であると、ウイスキーが本来もっている知的で深い歓びも伝えることができない。

今、まさに地球という規模で、ディスティラリーの実力を評価するべき時がやってきた。

「日本のウイスキーの悪口を言う連中に対し、私はニッカの余市ディスティラリーのウイスキーを試してみたかどうか尋ねることにしている。もし他の全ての日本のウイスキーが、ここのモルトの品質の75%のレベルに達したならば、スコットランド人は強烈な危機意識を持たなくてはならない。(中略)例えば余市ディスティラリーの10年ものは8年ものに比べピートが少し増量され、バランスは完璧に近い。リンゴ、レーズン、草っぽさが鼻に入り、口蓋で甘さが強まり、モルトとピートが余韻の中で戦う第一級の作品である。ここのディスティラリーでうまれたウイスキーは、ウイスキーの王冠の宝石ではなく、王冠そのものである。まさにこの蒸溜所は、日本だけでなく世界の偉大な財産なのである。」

このニッカのディスティラリーに対する記述は、世界的なウイスキーライターであるジム・マーレイ氏の、現代ウイスキーのバイブルともいえる著作「コンプリート・ブック・オブ・ウイスキー」（日本では未訳）から抜粋させてもらったものである。いささか面映《おもはゆ》くはあるが、決して意外な評価だとも思ってはいない。ウイスキーのクオリティにとって、ディスティラリーの能力の差は、残酷なほど決定的な意味をもつ。ニッカウヰスキーはこの一年、ウイスキーをディスティラリーから語っていこうと思っている。

最後にひとつ提案がある。もし機会があったら、ぜひニッカのディスティラリーを訪れてみて欲しい。そして、そこで育ったモルトたちを味わってみて欲しい。ウイスキーを育ててきた土地の風に吹かれてモルトを口に含む。きっと、仄暗《ほのくら》い池の底で銀貨が放つ、鈍い光を見ることができるはずだ。

（ニッカウヰスキー）

このウイスキー蒸溜所の価値を語る新聞広告は、池の底に眠る銀貨の鈍い光から始まっています。静かで映像的な出だしは、これから展開されるストーリーに興味を抱かせます。そののちに本文があり、最後はまた池の底の銀貨の話に戻ってきて、ボディコピーは終わっています。

A＋B＋A

構造でいうとこういうことです。

このように、出だしと終わり方を同じモチーフにしていくのは、有効なやり方です。出だしで生まれた興味が、しっくりと最後に着地しているように見えるので、読む人が納得しやすいからです。この本文を何かで挟むという書き方はいろいろ応用できるので、覚えておいたほうがいいでしょう。

そして先ほど映像的な書き出しだと話しましたが、これも実は重要なことだと思います。

言葉というものは基本的には論理的なもので、意味を伝えるために存在しています。このボディコピーの場合、「21世紀を迎えるにあたり、優れたウイスキーの蒸溜所は人類にとって、とても貴重なものである」、ということを伝えたかったはずなので、そう書き始める手もあったはずです。

しかし、人間というものは決して論理的な生き物ではありません。非論理的な側面が大きいので、いろいろ間違いや失敗を起こすわけです。書いてある意味がわかるということと、言葉が体に浸透してくるということは全くの別物だと思ったほうがいいでしょう。そういう意味で映像的な言い回しというのは便利です。言葉を論理で理解するのではなく、映像で理屈なく「ああ、こんな感じね」と伝わるからです。

言葉の意味の厳密な理解より、大雑把な「ああ、こんな感じね」、というエモーショナルな捉え方をしてもらうほうが私は大切だと思います。小説家が自分の作品の中で、自然描写をするのも、登場人物の心象であったり、ストーリーの予感を映像的な描写の中に託しているからです。

あまり短い文章の場合、そういう手順を踏む時間もないかもしれませんが、ある程度の分量のあるものを書くときには、書き出しをあえて映像的にしてみるという方法も試してみる価値があると思います。

⑤ 書き手のキャラクターを設定する

キャッチフレーズの書き方でお話ししましたが、ボディコピーの場合も人格を設定して書くことは有効です。キャッチフレーズより文章量が多いボディコピーの方が、実は人格を持たせるのは容易です。

この場合も、設定する人格はなるべく詳細にした方がいいでしょう。通常のボディコピーは企業や商品の詳細を語ることになるので、書き手のキャラクターを企業以外の外部に設定すると、違和感なく着地させるためには緻密な計算が必要になってきます。

次の例は、住宅メーカーのボディコピーです。

その年のNYは記録的な寒波にみまわれていた。
クリスマス目前のロックフェラーセンターは、スケートリンクからあがる歓声と、身の丈20mはあろうかという巨大なツリーに飾られた2万個以上のイルミネーションで、さんざめいていた。

旅行者の私は、そんな幸せな風景から少しはなれて、日本に残してきた家族のことをぼんやりと考えていた。

タイムズスクエアの方から、長く尾をひく消防車のサイレンが聞えてきたのはその時だった。

どうやら、火事で、ある。

火災は言うまでもなく、住宅の大敵である。私たち住む側としては、かなり真剣に、「家と火災の関係」を研究しなくてはならない。

三井ホームの耐火性については、ふたつのポイントで語られる。

ひとつは、使われている素材の持つ耐火性。

この場合の主役は、壁や天井を覆っている厚い石膏ボードである。この石膏ボードには約21%もの結晶水が含まれている。

火災の時には、これが熱分解により水蒸気に姿を変え、火災の進行を遅らせる。

まあ、言ってみれば、壁や天井全体からの水蒸気がスプリンクラーの役目をするといったところか。

またツーバイフォー工法独特の構造材の組み方にも高い耐火性の秘密がある。

通常、火は壁の裏側や屋根裏を伝わって建物全体を舐め尽くそうとする。ファイアーストップ構造とは、その火の通り道を構造材で遮断してしまおうという考え方。何度か実施された実物大の火災実験でも、三井ホームのツーバイフォー住宅は抜群の耐火性能が実証されたと聞いている。

一九九一年、東京。

ひさしぶりに見るわが家のクリスマスツリーは、ロックフェラーセンターのそれの1／20ほどの大きさだが、私は随分と、仄仄《ほのぼの》とした気分になれる。

「メリークリスマス」、「メリークリスマス」。

おそらく今夜、家族の声にせきたてられて、私は蝋燭に火をともす。


（三井ホーム）

住宅という商品は、人がその一生のうちに購入するものとしておそらく最も高額なものだと思います。

この住宅メーカーは欧米の建築様式であるツーバイフォー工法を最大の特徴としている会社です。古くから日本にある在来工法とは異なる、洋風建築の住宅です。そういうこともあり、どこかモダンで垢抜けているイメージを大切にしていました。こんな家に住みたい、という憧れを醸成することも広告の大切な役割だからです。

ここでの書き手のキャラクター設定は、商社マンでした。世界中を飛び回る商社マンが12月のクリスマス近くにニューヨークに出張に行っているという設定です。旅行者ゆえにアメリカの人々の幸せな風景に溶け込めずに、日本に残してきた家族を思っている。商社マンと欧米の建築様式であるツーバイフォー住宅との親和性は高いだろうと考えて、そういう設定にしてあります。

年収も高く、英語も何不自由なく話せて、アメリカのライフスタイルも自然と受け入れている。前の章のキャッチフレーズの書き方でも話しましたが、その商品の理想的な顧客像でコピーを書くとブレのない人格設定ができるという、あの例をここではボディコピーでやっているということです。

実は、ここではもうひとつの実験をしています。

このコピーの主人公は、ツーバイフォー住宅に住んでいるユーザーです。そのいちユーザーに住宅の詳しい耐火性能をどうやったら自然に語らせることができるか、という実験です。

前述したように、書き手が企業サイドの人間であれば特に苦労することもなく、性能を詳しく語ることができるのですが、企業以外のキャラクターで書かれているものは、着地をうまくさせるために工夫が必要になります。

ここでも実はA＋B＋Aという構造が役に立っています。前の例で述べたA＋B＋Aは、書き出しと終わりの文章を揃えるというものでしたが、この住宅のコピーは、「個人の話＋企業の話＋個人の話」という構造です。

企業の言いたいことを個人のエモーショナルな話でサンドイッチすることで、無味乾燥な住宅のスペックが興味を引くものになるのではないかと考えられています。

本当に言いたいことを、エモーショナルな文章でサンドイッチするこのやり方は結構便利なので、ぜひ試してみてください。

⑥わざとリズムを変える

長い文章は、どうしても読み手を退屈な気分にさせてしまうことがあります。たとえどんなに興味深い内容でも、読み進んでいくうちに、内容に慣れてしまい刺激の少ない状態になってしまうわけです。

原則として、読み手は気まぐれで、堪え性のない厄介な存在だと思ったほうがいいでしょう。そういう前提のうえで文章に工夫を凝らすのです。

そんな場合、文章のリズムを変えるというのもひとつの方法です。長いセンテンスの間に、極端に短い一文を挿入してみたりします。単語ひとつを放り込んでも面白いでしょう。

リズムを変えるのは文章の長さだけではありません。それまでとは異なる印象のフレーズを入れることでリズムが変わることもあります。

どちらも目的はひとつで、読み手の単調になりつつある脳波に刺激を与え、もう一度覚醒させるためのものです。次の例は広告のボディコピーではありませんが、リズムを変える例としてはわかりやすいので読んでみてください。

それゆえに世の風潮は、
家庭を持ったなら、男というものは
個人の夢ややりたいことは二の次にして
まずは家庭の充実を第一に考えるべきという
方向に確実に向かっている。
そういう夫像を人々は称賛するのである。
果たしてそれいいのであろうか。
私は断固としてその流れに異を唱えたい。
そもそも今の我が国にスケールの大きな人材が
育たなくなったのは、(以下略)

さて、この文章でリズムを変えるのなら、あなたならどこに目をつけますか？ひとつのコツとして文章の潮目が変わる場所、論旨の展開がされるポイントを探します。

それゆえに世の風潮は、
家庭を持ったなら、男というものは
個人の夢ややりたいことは二の次にして
まずは家庭の充実を第一に考えるべきという
方向に確実に向かっている。
そういう夫像を人々は称賛するのである。

果たしてそれいいのであろうか。
私は断固としてその流れに異を唱えたい。
そもそも今の我が国にスケールの大きな人材が
育たなくなったのは、（以下略）

この場合、ここですね。

「果たしてそれでいいのであろうか」と今までのストーリーに疑問を投げかけています。この部分に手を入れます。センテンスとしてはそんなに長いパートでもないので、長短というよりは文章の雰囲気をガラッと変えてみます。

それゆえに世の風潮は、
家庭を持ったなら、男というものは
個人の夢ややりたいことは二の次にして
まずは家庭の充実を第一に考えるべきという
方向に確実に向かっている。
そういう夫像を人々は称賛するのである。
おいおい、フザケンナヨ。
私は断固としてその流れに異を唱えたい。

そもそも今の我が国にスケールの大きな人材が育たなくなったのは、（以下略）

例えばこんな具合に、感情的なフレーズを挿入してみます。

前後の文章が古めかしい演説調の口調であったのに比べると、その反対方向にある話し言葉です。こういう言葉を入れ込むことで、一瞬文章のリズムが変わります。そのうえでさらに、書き手がいかに憤慨しているか、その気持ちがストレートに伝わるようになります。

私たちが学校で習ってきた文章のルールからいえば、この例は完全に逸脱しています。文末の統一を基本中の基本として教えられてきた人間にとっては、デスマス調の中にダ・デアル調が混入することは異物感の塊のようなものです。

それは私たちが書き言葉というものにとらわれすぎているからだと思います。

例えば話し言葉をベースに考えてみればどうでしょう。「〜ですよね、〜なんですよ、でも私は嫌だ」こんな具合に普通にやっていますよね。

書き言葉はきちんとしていなければいけない、なぜならそれは物として残ってしまうから、きちんとしていなければ恥ずかしい、という意識が働いてしまうのかもしれません。

それと、やはりコミュニケーションではなく物事を正確に伝えるインフォメーションという認識の中でいろいろな書き言葉のルールが生まれたのではないでしょうか。確かに文末が統一されていればストレスなく読むことができます。

そういう意味ではインフォメーション目的の文章で、わざと文体を乱して混乱を生む必要はありません。しかし、人に自分の気持ちを伝えて、相手の心を動かすことを目的にしたコミュニケーションの場合、私は学校で習ってきた文章の常識から自由になることは大切なことだと思います。

文章に限らず、今までの常識から自由になるということはとても難しいことです。しかし、頭の中が自由でいられるということはとても素晴らしいことだと思います。

発想の幅が格段に広がるだけではなく、生き方の幅も、そもそも自由でいられることと自体がとても気持ちの良い解放感をもたらしてくれます。たかが文章の話ですが、マインドセットが変わるということは実はとても大きなことを変えていく端緒になるのかもしれません。

自分の言葉を手に入れるために

最後のパートになりました。

最初は短いフレーズで自分の気持ちを伝えるための技術の話を、そしてこの章では長い文章でそれをどうやって実現するのかを書いてきました。今から書くことは、その全ての根幹になるトレーニングのやり方です。

言葉の持つ致命的な欠陥とは、長い歴史の中で最大公約数的な合意形成がなされてしまっているという点です。多くの人に意思や情報を伝達するために生まれたのが言語ですから、最大公約数的になるのは、運命みたいなもので、それを責めるのは酷なのですが。しかしそれゆえに、言葉の持つ輪郭がぼんやりして、人の気持ちの内側に入ってくる文章の浸透力が弱くなってしまうというのも事実です。

この本の最初の方で、共感という言葉を安易に使わずに、共感の種類を精査して、どんな共感を与えればこのコミュニケーションは成功するのかを考えよう、ということを話しました。それも、言葉の持つ最大公約数的な弱点を補うためのやり方です。書き手のキャラクターを詳しく設定してみたり、誰の目線でキャッチフレーズを書くのかを考えるのも、少しでも読み手の琴線に触れる文章を書くためのやり方でした。これはあくまで方法論で、メソッドのようなものです。

ある時、雑誌をめくっていて、もっと根源的なことに気がつきました。その雑誌の巻頭の特集のタイトルは「シンプル、ということ。」でした。中身は様々なジャンルのアーティストが自分にとってのシンプルとはなにかを、それぞれの言葉で記してあるものでした。数行にわたる文章で表現している人もいれば、一行で短く書いている人もいました。皆さん面白かったのですが、その中でも一際目を引いたのが、小林和人さんという方にとってのシンプルでした。

「足す引く去ったのちの凪。」

ああ、すごいなこれ、と少し感動しました。足したり、引いたりはまあ良いとして、その後に訪れる一瞬の凪の状態がシンプルということだと。

シンプルという当たり前で新鮮さのないことが、一気にとても価値のあることに変容したように感じました。自分の言葉を持つためのトレーニングとは、世の中に普遍的に存在する事象に対して自分なりの解釈を持つこと、これに尽きるのではないでしょうか。


自分にとってシンプルってなんだろう。

自分にとって友情とはなんだろう。

自分にとって仕事とはなんだろう。

自分にとって旅とはなんだろう。

こういう自分を取り巻く多くのテーマについて、自分としての再定義を行う作業。とても地道なトレーニングではありますが、通勤の合間、お風呂に入っている数十分、オンザロックを一杯飲む間、少しでいいので考えることを習慣にしてみてはどうでしょう。


世の中に当たり前のように流通している言葉を主題にしてコピーを書いたり、文章を書くことはたくさんあります。そういう際に、そのテーマが自分にとってどういう意味を持つのかを自然に考えるようになっている、そういう習慣を身につけてほしいと思います。

僕たちは喜びのために書いている

どうせだったら、自分の気持ちを人にしっかり伝えたい。自分が経験したこの感動を他の人と共有したい。人がものを書く動機は様々です。そして、人間が社会的な生き物である以上、伝えるという作業がなくなることはありません。どこまでもついてまわる、このコミュニケーションという行為を支えるモチベーションは、伝わった！という喜びだと思います。仕事として文章を書いている人も、大切な誰かに大事なメールを打つ人も、最大の報酬は伝わる喜びです。

その喜びを獲得するための方法を、この本では書いてきたつもりです。

相手のことを想像して単語を選び、文章のリズムを考えるという、読み手に対するサービスという側面で考えれば、読み手の気持ちを考えるという「優しさ」が書き手にあるかどうかが大切になるでしょう。

一方、気持ちを伝えるためなら学校で習った文章のルールを無視しても構わない。あるいは世の中で最大公約数的に使われている言葉に自分なりの再定義を行うというコミュニケーションに対する貪欲な態度は、「自由奔放」な精神から生まれます。

人に何かを伝えるということが、片方の手に優しさを、もうひとつの手には自由をのせて行うことだとすれば、それはとても素敵なことのような気がします。優しくて自由なコミュニケーション能力の高い人が増えるということは、本人たちはもちろんのこと、その周囲にいる人たちもまとめて豊かな気持ちにさせることでもあります。

ああ、ほんとにこの本を読んでそういう人がひとりでも生まれてくれれば、こんなに幸せなことはありません。

おわりに

この本を書いた2020年は、地球史に残る1年でした。途方もない命が失われ、様々な情報が狂った花火のように世界中を飛び交い、人々は疑心暗鬼に陥りました。それにともない、人と人との関係も深く傷ついたように思えます。人と会うこともはばかられ、会話は控えめにするように求められ、挙句は故郷に帰省することすら悪であるという。2020年はコミュニケーションにとっても受難の年だったのです。

しかしそんな中、見えてきたものもありました。本文の中にも書きましたが、自分の言葉で語ることの大切さです。

日本と、ニュージーランドやドイツの政治家たちの言葉には悲しいほど大きな差がありました。この危機的な状況の中で、リーダーたちの発言に求められるのは、言葉の巧みさではなく、率直な物言いです。率直であることは誠実であることの現れであると人々は感じたのです。国民の置かれている状況や気持ちを想像すれば、リーダーに求められている言葉は自ずと見えてくるはずです。そういう意味では日本のリーダーたちは想像力が欠如しているか、国民を向いていないということなのでしょう。

政治家に限らず、私たち一般人も言葉について考えさせられました。恐怖心からなのか、同調圧力の現れか、他県からやってきた人や、医療従事者やその家族にまで心ない言葉が投げつけられました。

人は言葉で嘘をつきます。言葉で人を死に追いやったりします。言葉は必ずしも善ではありません。しかし人は、言葉に感動したり、死ぬことを思いとどまり生きることを選択したりもします。私たちは言葉をあきらめるわけにはいかないのです。

広告のコピーに限らず、言葉によるコミュニケーションとは、相手の気持ちを想像して、そこに届く言葉をニュアンス含めて精査していくということに尽きます。この本ではその辺りの具体的な思考法を書いてきました。

ますます不寛容になって言葉を発することに勇気が求められるように感じられる世の中で、少しでも良き言葉が生み出されればこんなに嬉しいことはありません。ホントにそう思います。

宣伝会議 の書籍

面白くならない企画はひとつもない
高崎卓馬のクリエイティブ・クリニック
髙崎卓馬 著

時代の急激な変化に対応できず、何が面白いものなのかわからなくなってしまったクリエイターたちが増加。実際のクリエイター、宣伝担当者たちの企画を、丁寧に診察し、適切な処方箋をつくり、治療していくまさにクリエイティブのクリニック。

■本体1800円＋税　ISBN 978-4-88335-457-3

その企画、もっと面白くできますよ。
中尾孝年 著

ビジネスにおける「面白い」とは、ひとの心を動かす無尽蔵な「エネルギー」。人は行動する前に必ず心が動き感情を持つ。心のツボを刺激する方法を「面白い」をキーワードに解説する。さまざまな練習問題を示しながら、人の心の動かし方、行動に結び付ける方法を紹介。

■本体1700円＋税　ISBN 978-4-88335-402-3

コピー年鑑2019
東京コピーライターズクラブ 編

コピーで選ぶ広告賞「TCC賞」2019年度の受賞作品や優秀作品を収録。キャッチフレーズ、ボディコピー、ネーミング、テレビ・ラジオCMやWebムービーのナレーションまで、約900点の日本のコピーを業種別に掲載する。受賞・ファイナリスト作品を解説する「解説本」付き。

■本体20000円＋税　ISBN 978-4-88335-479-5

SKAT.19
第57回宣伝会議賞実行委員会 編

第57回宣伝会議賞の一次通過以上の作品をすべて収録した『SKAT』。広告界の第一線で活躍するクリエイターによって選ばれた秀逸な広告コピー・CMアイデアを一冊にまとめ、世の中にはまだ出ていないアイデア7212点を掲載している。

■本体2000円＋税　ISBN 978-4-88335-496-2

伊藤公一（いとう・こういち）
クリエーティブディレクター／コピーライター

コピーライターとして電通に入社。ＡＮＡ、ニッカウヰスキー、サッポロビール、花王、リクルート、日本航空、三井ホーム、日産、大成建設、明治、新生銀行、みずほフィナンシャルグループ、朝日新聞などのクリエーティブを手がける。２０１１〜２０１５年Ｈｏｎｄａのエグゼクティブクリエーティブディレクター（ＥＣＤ）として全コミュニケーションの統括を行う。２０１６年からはみずほ銀行のＥＣＤとして主にオリンピックキャンペーンを統括。その後クリエーティブディレクションセンター長、電通九州チーフクリエーティブオフィサーを経て、２０２０年、ウミナリ設立。現在、福岡と鹿児島を拠点にクリエーティブディレクターとして活動中。心がけていることは、本質をつくクリエーティブを発信すること。

ＴＣＣ部門賞、ＡＤＣ賞、ＡＣＣグランプリ、朝日広告賞、毎日広告デザイン賞、クリエイター・オブ・ザ・イヤーなどを受賞。

主なコピーに、「帰りたい家であること」（三井ホーム）、「セダン愛。」（Ｈｏｎｄａ）、「人生は、よくかんで」（日本生命）、「たくさんのいい就職が、この国を変えていく」（リクルート）、「映画より面白い国。」（ＡＮＡ）などがある。

なんだ、けっきょく最後は言葉じゃないか。

発行日　2021年2月16日　初版第1刷
　　　　2021年4月3日　　　第2刷
著　者　伊藤公一
発行人　東彦弥
発行元　株式会社宣伝会議
　　　　〒107-8550 東京都港区南青山3-11-13
　　　　TEL. 03-3475-3010（代表）
　　　　https://www.sendenkaigi.com/
装　丁　宗幸（株式会社 UMMM）
DTP　次葉
印刷・製本　モリモト印刷

ISBN 978-4-88335-511-2